ANDREA SCHWARZ
Wilde Weihnachten

ANDREA SCHWARZ

Wilde Weihnachten

DAS ANDERE LESEBUCH FÜR DIE ADVENTS- UND WEIHNACHTSZEIT

Patmos Verlag

*Für Speedy, Smartie und Jerry -
fein, dass es euch gibt!*

Inhalt

Ein paar Worte vorneweg 7

AUFTAKT: Advent fängt viel früher an 11
1. DEZEMBER: Erwarten 13
2. DEZEMBER: Damit es neu anfängt 18
3. DEZEMBER: Draußen am Meer 22
4. DEZEMBER: Dem Frühling entgegen 24
5. DEZEMBER: Aufstehen 28
6. DEZEMBER: Draußen ist Weihnachten 31
7. DEZEMBER: Zimtsterne im Mai 34
8. DEZEMBER: Parkhaus-Advent 36
9. DEZEMBER: Himmelstelefon 39
10. DEZEMBER: Ganz frisch 41
11. DEZEMBER: Ungezähmt 43
12. DEZEMBER: Auf das Leben lauschen 46
13. DEZEMBER: Aber die Nachbarn 49
14. DEZEMBER: Durchkreuzt der Traum 52
15. DEZEMBER: Engelsboten – Botenengel 54
16. DEZEMBER: Keine Zeit? 58
17. DEZEMBER: Advent-Fragebogen 62
18. DEZEMBER: Friedenslicht mit Hindernissen 64
19. DEZEMBER: Weihnachten im Oktober 67
20. DEZEMBER: Hingabe 69
21. DEZEMBER: Wintersonnenwende 71

22. DEZEMBER:	Der letzte Weihnachtsbaum	73
23. DEZEMBER:	Weihnachten ist handgemacht	76
24. DEZEMBER:	Heilige Nacht	78
25. DEZEMBER:	Ich bin Weihnachten	82
26. DEZEMBER:	Die Kunst, sich beschenken zu lassen	86
27. DEZEMBER:	Zwischen den Jahren	89
28. DEZEMBER:	Eine etwas andere Weihnachtsgeschichte	92
29. DEZEMBER:	Weihnachten fährt vorbei	96
30. DEZEMBER:	Wo bin ich eigentlich grad?	98
31. DEZEMBER:	Wunderkerzen	101
1. JANUAR:	Mit Gott	104
2. JANUAR:	Heilige Tage	106
3. JANUAR:	Langsamer gehen	108
4. JANUAR:	Das Leben ist kein Ponyhof	111
5. JANUAR:	Und ich traue meiner Sehnsucht	113
6. JANUAR:	Die Heiligen Drei Könige im Urlaub	115

Zum Ausklang und fürs Leben: Schichtwechsel	118
Einladung	120
Anmerkungen	122
Zur Autorin	123

Ein paar Worte vorneweg

Lieber Leser, liebe Leserin,
»wilde Weihnachten«? Was soll das denn? So mag sich der eine oder die andere gefragt haben, als er den Titel dieses Buches gelesen hat.

»Wild« – das ist ein Wort, das mir in meiner Zeit in Südafrika wichtig geworden ist. Dort erlebt man es noch, das »Wilde« und Ungezähmte: Giraffen, die im Abendrot über die Steppe ziehen, eine Gruppe von Löwen, die ein Gnu jagen, Elefanten, die kurzerhand einen Baum umknicken, um besser an die Blätter zu kommen, Pinguine, die einen Vorgarten für sich erobern, Affen, die frech in Häuser eindringen.

»Wild« – das hat etwas »Ursprüngliches« an sich. Da entzieht sich etwas dem Willen des Menschen, überrascht, lässt sich nicht »einpassen«.

»Wild« zu sein hat mit der Kraft des Lebens zu tun, die aus dem tiefsten Inneren kommt. Und in dem Sinn kann das Wilde faszinieren, aber auch erschrecken.

Das Gegenteil davon ist »gezähmt« und den Bedürfnissen »angepasst« – so, wie es uns am besten in unser Konzept passt, möglichst wenig Unruhe mit sich bringt, handhabbar ist. Das »Gezähmte« ist eher ungefährlich und harmlos.

Aber genau das ist Weihnachten nicht – auch wenn wir uns alle Mühe geben, es dazu zu machen. Weihnachten ist anders. Das ist radikal, das ist ungeheuerlich, das verblüfft und überrascht – wenn wir uns wirklich darauf einlassen. Und eigentlich ist dieses Fest eben gerade nicht den Erwartungen angepasst, sondern will uns auf etwas Ursprüngliches und die Kraft des Lebens verweisen.

Für mich hat es etwas mit der Verheißung zu tun: »Das Netz ist zerrissen, und wir sind frei!« (DIE BIBEL, PSALM 124, VERS 7). Immer wieder verstricken wir Menschen uns in Netze, wenn wir allen Erwartungen gerecht werden wollen, rund um die Uhr verfügbar sein, etwas leisten, es besser als die anderen machen wollen …

Weihnachten: Ein kleines Kind zerreißt die Netze, die uns gefangen halten. Es kommt in diese Welt und stellt sich an unsere Seite, um uns das Leben und die Freiheit zu schenken. Dieses Kind liebt uns, so wie wir sind. Dadurch wird Freiheit möglich.

Frei sein: Das ist die Zusage. Frei von Druck, Anforderungen, den ganzen »du musst doch!«, von all dem, was uns unterdrückt und versklavt, frei sein von all dem, was uns den Atem, den Mut, die Kraft nimmt. Frei sein – um lebendig zu sein.

Freiheit – das bedeutet Weite, Offenheit, Abenteuer. Das hat nichts mit netten Wohnlandschaften zu tun, in denen ich mich gemütlich niederlassen kann und Gott einen guten Mann sein lasse. Da weht mir der Wind um die Nase, das fordert heraus, da mutet sich das Leben mir zu. Und manchmal kann es durchaus stürmisch zugehen: Der Sand weht einem ins Gesicht, der Regen durchnässt einen bis auf die Haut. Und gelegentlich kann ich das Gefühl haben, mich in der Weite und der Unendlichkeit zu verlieren …

Aber da ist ein Kind an meiner Seite. Und es nimmt mich an der Hand – und wir laufen gemeinsam dem Leben entgegen.

Das ist Weihnachten – »wild« und »frei«.

Zu einem solchen Weihnachten will dieses Buch einladen – und damit ein Plädoyer gegen die Zähmung dieses Festes sein. Deshalb ist es nicht auf schön frisiert, auf Nettigkeit getrimmt und den scheinbaren Bedürfnissen angepasst. Es versperrt sich den herkömmlichen Erwartungen. Aus dem Grund kommen in diesem Buch auch relativ wenig Tannenzweige und Teelichter vor. Die gibt es in den Tagen vor dem Fest eh schon mehr als genug. Stattdessen geht es um Blumenzwiebeln und Zimtsterne im Mai, um Weihnachten am 21. Oktober, das »gestohlene Jesuskind« und um den Urlaub der Heiligen Drei Könige. Man muss das nicht mögen. Kein Thema. Aber über »nette Weihnachten« kann ich auch nicht mehr schreiben. Das ist irgendwie ein bisschen langweilig.

EIN PAAR WORTE VORNEWEG

»Wilde Weihnachten« finde ich erheblich interessanter.

In diesem Sinn wünsche ich gesegnete und wilde Weihnachten mit dem Geschmack von Freiheit, der Lust an der Weite, der Freude am Lebendig-Sein. Und möge das Neue Jahr nicht allzu viele Stürme haben und mögen sich die Regenschauer in Grenzen halten – und dass Sie auf all Ihren Wegen spüren, dass da ein Kind an Ihrer Seite ist und mit Ihnen geht. Und wenn der eine oder andere Text in diesem Buch Sie dazu anstiften kann, dann wäre ich schon ganz zufrieden ...

AUFTAKT

Advent fängt viel früher an

Mitten im Oktober ist bei mir schon ein bisschen Advent. Nein, nicht wegen des Spekulatius und der Weihnachtsmänner, die im Supermarkt stehen, die finde ich zu dem Zeitpunkt eher langweilig.

Es ist Oktober – und ich warte. Ich halte Ausschau, spitze die Ohren, bin aufmerksam.

Ich warte – auf die Wildgänse. Irgendwann in diesen Tagen werden sie kommen auf ihrem Weg nach Süden. Für etliche tausend Wildgänse ist das Emsland schon der »Süden«, sie werden hier überwintern. Und das ist eines der schönen Dinge hier im Winter: Immer wieder sieht man Gruppen von Gänsen oder wilden Schwänen fliegen, oder richtiger gesagt: Zuerst hört man sie – und dann schaut man empor, sucht den Himmel ab und sieht sie in ihrer typischen Keilform, mal mehr oder weniger perfekt, fliegen.

Was haben die Wildgänse mit Advent zu tun? Objektiv gesehen erst einmal herzlich wenig … (auch wenn für viele der Gänsebraten zu den kommenden Wochen und Monaten dazu gehört). Aber die Wildgänse lösen etwas in mir aus, was ich als »adventlich« beschreiben würde: voll Erwartung sein, gespannt: Wann kommen sie? Ein wenig bang: Werden sie in diesem Jahr überhaupt kommen?

Sie machen mich sehnsüchtig. Ich ahne etwas, was mir manchmal in meinem Alltag verloren gegangen ist – Weite, Freiheit, Gemeinschaft ... Ihr Rufen lenkt meinen Blick zum Himmel, holt mich heraus aus den Zwängen meines Kalenders und der »Zu-erledigen-Listen«.

So wünsch ich mir den Advent, dann in einigen Wochen – wartend, sehnsüchtig, bang, den Himmel absuchend.

Aber »adventlich leben«, das geht durchaus das ganze Jahr über und ist eigentlich eine Grundhaltung für uns Christen.

Die Wildgänse erinnern mich nur daran ...

Und die Tage des Advents sollten eigentlich ein Trainingslager der Sehnsucht sein.

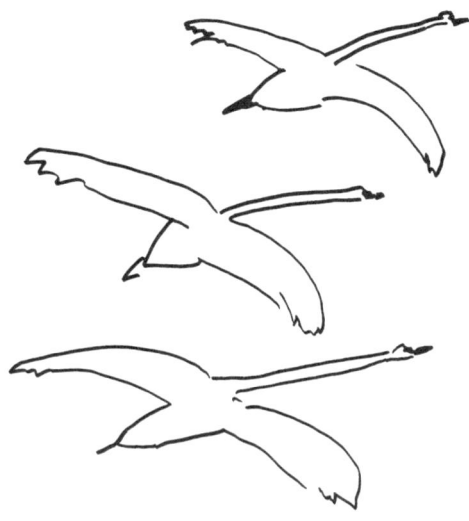

1. DEZEMBER

Erwarten

Mit welchen Gedanken und Gefühlen mögen Sie wohl heute diese Seite aufgeschlagen haben? Vielleicht: Ich freu mich auf diese Wochen vor Weihnachten – mit all dem Zauber und den kleinen und großen Geheimnissen, dem Duft von Glühwein und Plätzchen! Vielleicht aber auch: O je ... Weihnachtspost erledigen, Geschenke besorgen, wie soll ich das nur alles hinkriegen? Andere mögen in Gedanken die strahlenden Augen der kleinen Kinder oder Enkelkinder sehen, die ungeduldig die Tage zählen und es gar nicht abwarten können, bis das Christkind kommt! Oder möglicherweise: Ich will von allem nichts wissen. Mein Leben ist dunkel geworden. Ich weiß gar nicht, wie ich dieses Jahr Weihnachten feiern soll.

Ja, all das mag da sein: Zauber, Stress, Freude, Bangen, Fragen. So vielfältig kann der Advent sein, und auch in manchen Gottesdiensten wird diese Spannung deutlich: »Wir sagen euch an den lieben Advent« singen wir – um in der Schriftlesung des Evangeliums dann zu hören: »Seid wachsam, denn ihr wisst nicht, zu welcher Stunde der Herr kommen wird!« (Die Bibel Matthäusevangelium, Kapitel 24, Vers 42). Das hört sich nun gar nicht nach »liebem Advent« an.

Was aber ist Advent jetzt eigentlich?

Alfred Delp, ein Jesuit, der 1945 von den Nationalsozialisten hingerichtet wurde, sagt: »Advent ist die Zeit der Erschütterung.« In den Kirchen ist die liturgische Farbe in diesen Wochen violett, die Farbe der Buße. Sie deutet darauf hin, dass wir möglicherweise aus dem Advent etwas gemacht haben, was damit gar nichts zu tun hat. Advent ist nicht schon Weihnachten – und nicht lieb und nett. Advent will uns lehren, achtsam zu sein, neu hinzuschauen, sich auf das Kommen des Herrn vorzubereiten. Advent – das sind nicht schon die hell erleuchteten Weihnachtsbäume, sondern das Licht einer kleinen Kerze mitten in der Dunkelheit. Advent ist die Zeit, in der die Sehnsucht wachsen kann, die Sehnsucht nach gelingendem Leben, nach einem, der zu uns kommt, damit Gerechtigkeit und Friede werde!

Mit Weihnachtsmann und überfüllten Einkaufszentren, langen »Zu-erledigen-Listen« und »Süßer die Glocken nie klingen« hat das zunächst einmal wenig zu tun. Nein, es ist nicht so wichtig, ob das Haus vor Weihnachten noch geputzt wird, ob die Weihnachtspost rechtzeitig ankommt und ob Sie all denen schreiben, die Ihnen auch schreiben. Man muss sich den ganzen Stress nicht antun – und man muss sich den Zauber dieser Tage nicht nehmen lassen. Es geht nicht darum, alles so zu machen, wie man es schon immer gemacht hat, und alle Erwartungen zu erfüllen.

1. DEZEMBER

Es geht eher darum, in diesen Tagen des Advents eine Haltung einzuüben, die mit Gott rechnet. Die es für möglich hält, dass Gott kommt. Und es geht darum, mich darauf vorzubereiten.

Einer der Seelsorger, die im Zusammenhang der Anschläge des 11. September 2001 für die Angehörigen der Opfer und die Feuerwehrleute tätig waren, fragte in einer Predigt: »Weißt du, wie du Gott zum Lachen bringen kannst? Erzähl ihm einfach, was du morgen vorhast!« Ein Frage-und-Antwort-Spiel, bei dem einem das Lachen im Hals stecken bleibt. Denn nichts ist ja zutreffender, als dass wir unser Morgen nicht in der Hand haben. Da wir immer eine Handbreit neben der Katastrophe leben, kann schon der morgige Tag Gefährdung und Untergang mit sich bringen. Ebenso aber kann er auch eine entscheidende Wende zum Guten und unser Lebensglück für uns bereithalten.

Das Alte Testament kennt die Vorstellung vom ›jom hagadol‹, vom großen Tag Gottes. Ein Tag des Gerichts, der die Routine des Menschen beendet und eine neue Zeit heraufführt. Das muss kein negativ besetzter Termin sein. Es ist der Tag, der sich von allen anderen Tagen unterscheidet. So gesehen kann der Sonnenaufgang jedes neuen Tages immer auch der Morgen des großen Tages Gottes sein. Des Tages, der den entscheidenden Unterschied bringt.

Was, sagten Sie, hatten Sie morgen vor?

Thomas Meurer in »Christ in der Gegenwart«, Nr. 5/06

1. DEZEMBER

Ja, ich gebe zu, das hört sich weder nett noch lieb an – das ist radikal. Aber genau das ist die Chance: Mit dem Kommen Gottes zu rechnen! Es für möglich zu halten, dass er wirklich kommt, dass er handelt, dass er sich um seine Welt und die Menschen kümmert!

Deshalb ist der Advent die Zeit des Erwartens. *Des Erwartens,* nicht der Erwartungen! Beides hört sich ähnlich an, und doch liegen Welten dazwischen! Erwartungen haben heißt: Ich erwarte von dir – und dann kommen ganz genaue Vorstellungen, was der andere zu tun und zu lassen hat: die Zahnpastatube von hinten nach vorne ausdrücken und nicht einfach in der Mitte draufdrücken, die dreckigen Socken nicht im Badezimmer liegenlassen, Bescheid sagen, wenn man später kommt. Und wehe, du entsprichst diesen Erwartungen nicht, dann gibt es böse Worte und Streit. Ich erwarte von dir, dass …

Erwartungen haben heißt: So und so muss etwas sein oder werden. Ich erwarte von Gott, dass er … ich erwarte von Weihnachten, dass … und wehe, wenn nicht.

Ganz anders, wenn die junge Frau am Telefon zu ihrem Freund sagt, der aus dem Stau auf der Autobahn anruft: »Ich erwarte dich! Komm, wann auch immer – ich bin da!«

Advent ist nicht die Zeit der Erwartungen, sondern des Erwartens. Komm, wann auch immer, wie auch immer! Ich bin da – für dich!

Advent ist die Einladung, sich von »Erwartungen«, von Bildern und Vorstellungen zu lösen und

1. DEZEMBER

zu verabschieden und neu das »Erwarten« zu lernen! Gott wird kommen – das ist die Zusage. Aber es kann sein, dass er ganz anders kommt, als ich es erwarte. Kann sein, dass Gott ganz anders ist, als ich es mir so denke. Kann sein, dass dieser große, unbegreifliche Gott als Kind kommt, in einem Stall geboren wird, auf die Flucht gehen muss. Kann sein ...

Gott ist ganz anders – und wahrscheinlich wird auch sein Kommen ganz anders sein, als ich es mir so denke. Und über den Zeitpunkt können wir schon mal gar nichts sagen ...

Deshalb: Lasst euch nicht einlullen von alldem, was andere denken, wie man Advent und Weihnachten gestalten und feiern soll, lasst euch nicht einschläfern von »Die hundert besten Weihnachtsgeschenke« und »Jingle Bells«, habt Mut, Advent und Weihnachten anders sein zu lassen. Seid wachsam, haltet Ausschau nach den Zeichen, bereitet euch vor auf Gott. Zündet eine Kerze an und nicht gleich den ganzen Weihnachtsbaum! Gebt Gott eine Chance! Und gebt damit euch eine Chance ...

Und dann wären wir eigentlich mitten drin im Advent. Das Andere ist möglich. Deshalb: Seid wachsam – damit es nicht in unserem »Das haben wir aber schon immer so gemacht« kläglich untergeht! Damit wir erwartend sein und bleiben können und uns nicht von unseren Erwartungen gefangen nehmen lassen. Das Kommen des Herrn erwarten ... ohne Erwartungen zu haben.

Das ist Advent.

1. DEZEMBER

2. DEZEMBER

Damit es neu anfängt

In jener Zeit sprach Jesus zu seinen Jüngern: Es werden Zeichen sichtbar werden an Sonne, Mond und Sternen, und auf der Erde werden die Völker bestürzt und ratlos sein über das Toben und Donnern des Meeres.

Die Menschen werden vor Angst vergehen in der Erwartung der Dinge, die über den Erdkreis kommen; denn die Kräfte des Himmels werden erschüttert werden.

Dann wird man den Menschensohn in einer Wolke kommen sehen, mit großer Kraft und Herrlichkeit. Wenn dies beginnt, dann richtet euch auf und erhebt eure Häupter; denn eure Erlösung ist nahe.

Die Dibel, Lukasevangelium, Kapitel 21, Verse 25-28

Mit diesen Worten Jesu kann man sich schon schwertun: Das hört sich ziemlich apokalyptisch an, weltuntergangsmäßig. Mir macht das Angst. Das soll eine frohe Botschaft sein? Und das noch zum Beginn des Advents, wo wir es uns grad so schön kuschelig und gemütlich machen wollen?

Irgendwie erinnern diese Worte an die Prophezeiungen so mancher selbsternannten Propheten, die regelmäßig immer wieder den Untergang der Welt vorhersagen und damit Menschen in Angst und Schrecken versetzen. Endzeit wird vorausgesagt …

Aber damit haben diese Worte Jesu gar nichts zu tun. Zunächst einmal muss man eines klarstellen: Kein Mensch kann sagen, wann dieses angebliche Ende der Welt eintritt – das weiß nur Gott. Deswegen: Wir brauchen uns von nichts und niemandem, der irgendetwas vorhersagen will, ins Bockshorn jagen oder uns Angst machen zu lassen. Jeder, der behauptet, er wüsste genau, wann das Ende der Welt kommt, lügt. Und das finde ich erst einmal ziemlich beruhigend.

Aber viel entscheidender: Das, was sich wie Endzeit anhört, ist eigentlich gar kein Ende, sondern ein Anfang: Man wird den Menschensohn mit großer Kraft und Herrlichkeit auf einer Wolke kommen sehen. Dann bricht Gottes Reich an, seine Herrlichkeit wird auf der Erde aufleuchten, und seine Kraft wird all diejenigen entmachten, die die Macht vorher an sich gerissen und missbraucht

2. DEZEMBER

haben! Und es werden Gerechtigkeit, Liebe und Barmherzigkeit sein! Deshalb: Richtet euch auf und erhebt eure Häupter, denn eure Erlösung ist nahe! Das ist die gute Botschaft! Von dieser Sehnsucht erzählt ein altes Adventslied:

O Heiland, reiß die Himmel auf,
herab, herab vom Himmel lauf,
reiß ab vom Himmel Tor und Tür,
reiß ab, wo Schloss und Riegel für.

Aufreißen: Das ist ein Schrei, der aus dem tiefsten Herzen kommt! Da sagt nicht jemand: Könnten Sie bitte eventuell den Himmel ein wenig aufmachen? Oder: Schieben Sie doch den Riegel etwas zur Seite und schließen Sie die Tür auf – sondern: Reiß Tür und Tor des Himmels ab, reiß Schloss und Riegel weg!

Diese Sehnsucht, dieser Schrei – das ist Advent. Und es ist unsere Hoffnung, dass Gott genau dies tun wird. Wir können nicht sagen, wann es sein wird und wie es sein wird. Aber wir können gewiss sein, dass Gott seine Versprechen hält.

In diesem Sinn ist Advent »radikal« und ein Abenteuer. Übrigens: Das englische Wort für Abenteuer, »adventure«, und das Wort Advent haben die gleiche Wortwurzel.

Wir haben den Advent gezähmt. Das Abenteuer haben wir reduziert auf den Kampf um den Parkplatz beim Einkaufszentrum, darauf, ob uns wirklich für alle diejenigen, denen wir etwas schenken möchten, ein passendes Geschenk einfällt, ob wir all das erledigen können, was wir angeblich tun müssen. Das mag alles nett und schön sein – aber das ist nicht Advent. Deshalb sollen wir wach sein, hellwach.

O Heiland, reiß die Himmel auf, herab, herab vom Himmel lauf! Das ist die tiefe Sehnsucht nach Gott und seiner Macht und Herrlichkeit. Dann wollen wir, dass der Himmel auf die Erde kommt, damit wir uns aufrichten können und frei werden vor unserem Gott!

2. DEZEMBER

3. DEZEMBER

Draußen am Meer

*Es kommt ein Schiff, geladen
bis an sein höchsten Bord*

ADVENTSLIED AUS DEM 14. JAHRHUNDERT

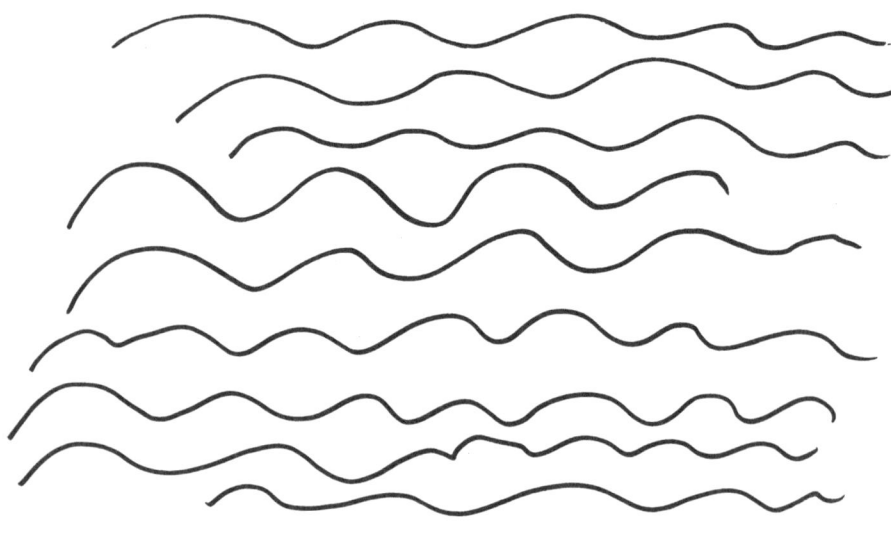

draußen am meer

der wind geht rau
wolken jagen vorbei
sand peitscht mir ins gesicht
regenschauer durchnässen mich

und doch schaue ich aus
halte stand
warte
bin

einmal
wird
das schiff
doch kommen

advent

4. DEZEMBER

Dem Frühling entgegen

Im Herbst haben wir in unserem Garten wieder etwa 130 Blumenzwiebeln vergraben, die jetzt in der Erde dem Frühling entgegenträumen. Und die 250 Krokusse, Tulpen und Narzissen vom vergangenen Jahr haben sich ja auch noch irgendwo versteckt. Für mich ist das ein Bild für die Hoffnung und das Vertrauen, die mich durch dunkle Zeiten tragen.

Die Blumenzwiebeln liegen in der kalten Erde, Schnee und Eis werden noch kommen – und doch wird sich aus ihnen irgendwann, wenn der Winter vorbei ist, als Zeichen des kommenden Frühlings eine kleine grüne Spitze ans Licht kämpfen, zu Blättern und Stiel werden, um schließlich zu blühen. Wenn ich diese Hoffnung und dieses Vertrauen nicht hätte, bräuchte ich mir gar nicht erst die Arbeit zu machen, diese Blumenzwiebeln einzupflanzen. Wilhelm Bruners hat es einmal so gesagt: »Im Schnee an die Kraft der Krokusse glauben«, und Pablo Neruda schreibt: »Sie können wohl alle Blumen abschneiden, aber sie werden

den Frühling nicht verhindern!« Die Tage des Advents lehren das Hoffen und Vertrauen.

Weihnachten geschieht mitten in all das Dunkel, die Angst, die Hoffnungslosigkeit hinein. Das Fest nimmt all das nicht weg, sondern wächst regelrecht aus all dem heraus. Es ist noch nicht der Frühling – aber dann fängt der Frühling an. Und die Zusage gilt: Die Steppe wird jubeln und blühen! (Die Bibel, Buch Jesaja, Kapitel 35, Vers 1)

Aus dem Dunkel heraus gehen wir dem Frühling entgegen, wenn wir mit dem Kind von Betlehem das Neue wagen.

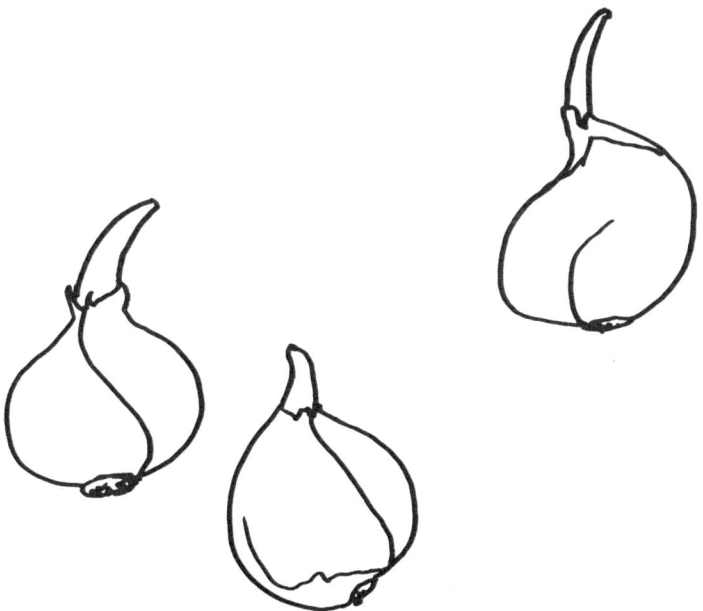

4. DEZEMBER

sich dem frühling
entgegenträumen

der wind
peitscht und
nebel zieht
übers land

das dunkel
nimmt die sicht
die kälte
lässt erstarren

unsicher
verletzt
angeschlagen
ratlos

viel ohnmacht
wenig kraft
mauern als schutz
und graue träume

4. DEZEMBER

und doch hoffen
und doch lieben
und doch gehen
und doch sein und

steine sammeln
und nicht werfen
um ein neues haus
zu bauen und

blumenzwiebeln
in die erde legen
am kahlen baum
die blüten sehen

mit einem kind
das neue wagen
und dem frühling
jetzt entgegenblühen

4. DEZEMBER

5. DEZEMBER
Aufstehen

Wenn der Tag
verweht und
die Schatten
wachsen

Das Dunkel
umhüllt mich
endlos
fließt die Zeit dahin

> *Des Nachts auf meinem Lager*
> *suchte ich ihn und fand ihn nicht*

sehnsüchtig
hoffen
schauen
horchen

> *Wenn ihr ihn findet, sagt ihm*
> *ich bin krank vor Sehnsucht*

Voll Verlangen
und doch kraftlos
mich dem
Dunkel überlassen

> *Ich schlief, doch mein Herz war wach*
> *horch, es klopft*

das Dunkel aushalten
bleiben in der Leere
offen mit allen Sinnen

> *Aufstehen will ich*
> *die Stadt durchstreifen*
> *die Gassen und Plätze*
> *habt ihr ihn gesehen?*

der Unruhe meines Herzens folgen
den Bildern meiner Träume
dem Hoffen meiner Seele

> *weckt nicht die Liebe*
> *bis sie selber sich regt*

noch einmal aufstehen
noch einmal aufbrechen
noch einmal das Leben suchen

5. DEZEMBER

Steh auf, meine Freundin
meine Schöne, komm doch
denn vorbei ist der Winter
verrauscht der Regen
auf der Flur erscheinen die Blumen
die Zeit zum Singen ist da

Die kursiv gesetzten Zeilen sind sinngemäss
dem Hohenlied aus der Bibel entnommen.

5. DEZEMBER

6. DEZEMBER

Draußen ist Weihnachten

Nikolausfeier in einer Kindertagesstätte: Der Pfarrer höchstpersönlich hatte sich als Nikolaus verkleidet und kam bei den Kindern vorbei, natürlich mit ein paar Süßigkeiten im Gepäck. Die Kinder waren aufgeregt und gespannt. Als der Nikolaus/Pfarrer zur Tür hereinkam, fragte eine Erzieherin: »Und, wer ist das denn?«.

Ein kleines Mädchen schaute genauer hin und sagte dann: »Außen ist es der Nikolaus, innen ist es der Pfarrer!«

Stimmt.

Der Pfarrer ist nicht der Nikolaus – und der Nikolaus ist nicht der Pfarrer. Das, was außen ist, muss nicht unbedingt auch innen sein. Und das, was innen ist, verkleidet sich manchmal.

Und damit wären wir bei Weihnachten.

Weihnachten hat bei uns inzwischen viel mit »außen« zu tun: Lichterketten an den Häusern, Weihnachtsmänner, die als Attrappe auf irgendwelchen Dächern hängen, Weihnachtslieder im Radio, Geschenke-Erwartungen, Familienfest, volle

Briefkästen, Weihnachtsmärkte mit Glühwein und Bratwurst ...

Aber ob da, wo außen Weihnachten draufsteht, auch wirklich immer Weihnachten drinsteckt?

Was steckt in Weihnachten »drin«?

Gott wird Mensch. Er steigt herab: zu uns, in unsere Welt. Er öffnet das Tor zwischen Himmel und Erde, hebt die Grenzen auf, bringt den Himmel zur Welt. Er kommt zu uns Menschen, er kommt zu mir. Dann aber hat das Konsequenzen für mein Leben.

Wenn er Mensch wird, dann darf ich Mensch sein. Wenn er den Himmel auf die Erde bringt, dann lebt auch in mir dieser Himmel. Und dann ist das seine Einladung: Mensch zu werden und zu sein!

Was das heißt? Sich spüren, der Sehnsucht vertrauen, Angst haben und trotzdem losgehen, hoffen wider alle Hoffnungslosigkeit, lieben, aufbrechen, loslassen ...

6. DEZEMBER

Und dann kann man natürlich schon kritisch fragen, ob das, was wir nach außen hin in diesen Wochen sagen und tun, damit noch etwas zu tun hat. Spiegelt das »außen« ein solches »innen« wider? Oder hat es sich irgendwie losgelöst, verselbständigt? Hat das Christkind und seine Botschaft überhaupt noch eine Chance gegen den »Weihnachtsmann«? Oder tun wir einfach nur das, was alle tun? Und man tut es, obwohl einen das »innen« eigentlich gar nicht so besonders interessiert?

Aber ich glaube an Weihnachten.

Ich glaube daran, dass egal, was »außen« draufsteht, man trotzdem etwas vom »innen« darin findet. Und das kann kein Weihnachtsmann, keine noch so fulminante Festbeleuchtung wegnehmen. Mitten im übervollen Einkaufszentrum, in all dem Geschenkerummel, in all den manchmal so kitschigen Weihnachtsliedern finden sich Spuren der Sehnsucht, der Liebe, der Hoffnung. Hinter dem Weihnachtsmann gibt es dieses Kind im Stall. Und seine Zusage der Liebe.

Und ich werde die Hoffnung nicht los, dass sich die Menschen eigentlich genau danach sehnen, nach Leben und Lebendigkeit, Zusage und Hoffnung, danach, Mensch zu sein und zu werden. Das ist »innen«.

Und das, was innen ist, verkleidet sich manchmal. Vielleicht hat auch das Christkind sich nur als Weihnachtsmann verkleidet.

6. DEZEMBER

7. DEZEMBER

Zimtsterne im Mai

Wenn man im Mai noch irgendwo Zimtsterne findet, dann wäre wohl eher eine entsprechende Entsorgung angebracht. Zimtsterne gehören in den Dezember und zu Weihnachten.

Wie ich jetzt darauf komme?

Anfang Dezember machten wir ein paar Tage Kurzurlaub auf Juist. Das ist ja einer der großen Vorteile, wenn man im Norden wohnt: Man ist schnell auf einer der Inseln. Und dann lohnt es sich auch durchaus mal für drei Tage.

Und da fanden wir einen wunderschönen Adventskalender der Evangelischen Gemeinde: Hinter den Türchen versteckten sich entsprechende Gutscheine von Geschäften auf Juist, die man gewinnt, wenn die Nummer des Kalenders gezogen wird. Ich mag solche Kalender: Man öffnet am Morgen das Türchen, freut sich an den möglichen Gewinnen und guckt dann gespannt im Internet nach, ob man gewonnen hat. Und auch wenn man nicht zu den »Ausgelosten« gehört – die Einnahmen aus dem Verkauf kommen einem sozialen Projekt zugute.

Wir nahmen einen Kalender für uns mit – und zwei für Freunde, Juist-Fans wie wir. Und die schickten wir dann per Post los.

Heute rief mich einer der Freunde an und bedankte sich für den Umschlag, den er ungeöffnet unter den Tannenbaum legen wollte, so wie er das eben mit Weihnachtsgeschenken macht. Ich musste lachen und stellte mir das Gesicht der Freunde vor, wenn sie an Heiligabend einen Umschlag öffnen, der einen Adventskalender enthält, und dann 24 Türchen hintereinander aufmachen. Und so erlaubte ich mir den Hinweis, dass in dem Umschlag doch eher ein Geschenk für die Adventszeit drin sei und eben nicht für Heiligabend …

Denn ein Adventskalender an Weihnachten macht ähnlich viel Sinn wie Zimtsterne im Mai.

Deshalb: Ich will das leben, was jetzt angesagt ist. Jetzt ist die Zeit für Adventskalender und für Zimtsterne.

Und Weihnachten feiere ich erst an Weihnachten.

7. DEZEMBER

8. DEZEMBER

Parkhaus-Advent

Samstagmorgen, kurz vor acht Uhr, in einer deutschen Großstadt. Am Abend vorher hatte ich einen Vortrag zum Thema »Advent ist eigentlich ganz anders« gehalten. Jetzt wollte ich zur nächsten Veranstaltung, etwa 45 Kilometer entfernt, einem Frühstück mit Vortrag für ehrenamtliche Mitarbeiter.

Mein Auto hatte ich für die Nacht in der Tiefgarage des Bildungshauses unterstellen können. »Wenn Sie morgen rausfahren wollen, müssen Sie nur den gelben Knopf an der Säule da drücken, dann geht das Tor zur Ausfahrt auf«, hatte mir die Mitarbeiterin erklärt. Also manövrierte ich mein Auto vorsichtig an die Säule, drückte den gelben Knopf – aber nichts geschah. Ich wartete ein wenig, drückte noch einmal, etwas kräftiger – wieder nichts. Ein letzter Versuch – vergeblich.

Ich griff zu meinem Handy, um die Mitarbeiterin anzurufen ... aber natürlich hatte ich in der Tiefgarage keinen Empfang. Seufzend fuhr ich vorsichtig mein Auto etwas zurück, stellte es an der Seite ab und ging über das Treppenhaus zur Straße.

Ja, sie würde sofort kommen, sagte sie. Und da stand ich dann und wartete. Und ich muss gestehen, dass in diesen Minuten das Adventslied »Macht hoch die Tür, die Tor macht weit« für mich eine vollkommen neue Bedeutung bekam. Mir wurde auf einmal klar, wie sehnsüchtig man darauf warten kann, dass ein verschlossenes Tor sich endlich öffnet – und sei es nur das Tor zur Ausfahrt einer Tiefgarage.

Eine Viertelstunde später war die Kollegin da. Sie hielt einen Chip an eine kleine weiße Box – und, o Wunder, das Tor öffnete sich! Vorsichtshalber hielt sie noch Wache, bis ich mit meinem Auto draußen war. Alles war gut.

8. DEZEMBER

Ja, manchmal sitzen wir Menschen fest, sind in etwas gefangen, können uns selbst nicht mehr helfen. Wir können in Situationen kommen, für die wir nichts können, an denen wir keine Schuld haben – und kommen uns dann einsam, verloren und hilflos vor. Da sehen wir keine Türen mehr, die hinausführen, und die Tore sind verschlossen. Allein komme ich da nicht raus. Da brauche ich jemanden, der mir die Tür zeigt, der mir das Tor öffnet.

An Weihnachten öffnet Gott das Tor, das vom Himmel auf die Erde führt. Gott wird Mensch, kommt in meine Welt hinein, öffnet und wartet – bis ich wieder selbst gehen kann.

Was es dafür braucht? Nichts außer meiner Sehnsucht danach, mich wieder auf den Weg machen zu können.

Ach ja ... für den gelben Knopf an der Tiefgaragen-Säule ist Gott übrigens nicht zuständig. Aber um den kümmert sich garantiert der Hausmeister.

9. Dezember

Himmelstelefon

Hm, nur noch gut zwei Wochen bis Heiligabend. Höchste Zeit zu überlegen, was ich dieses Jahr im Weihnachtsbrief an meine Freunde schreiben mag. Na ja, was ich schreiben will, weiß ich schon ungefähr – mir fehlt aber noch ein Foto. Und so durchstöbere ich meine Foto-Dateien und stoße durch Zufall auf ein Bild, das ich ganz vergessen hatte – irgendwann mal auf dem Weihnachtsmarkt in Speyer aufgenommen: eine blau lackierte Telefonzelle mit einem Himmelstelefon. Schöne Idee! Einfach mit dem Christkind zu telefonieren und seine Wünsche direkt abgeben zu können! Und dunkel erinnerte ich mich daran, wie viel Mühe ich mir als Kind mit meinen Wunschzetteln machte, in Schönschrift geschrieben und noch einige gemalte Bildchen dabei. Und doch wurden nie alle Wünsche erfüllt …

Neugierig näherte ich mich der himmlischen Telefonzelle, um herauszufinden, was sich darin verbarg. Da gab es tatsächlich ein echtes Telefon, und wenn man auf die Taste »Christkind« drücken würde, so sagte es ein Schild, dann würde sich das Christkind auch tatsächlich melden und Wünsche entgegennehmen. Aber leider nur von Montag bis Freitag und auch nur zwischen 15.00 und 17.00 Uhr. Und da es erst Vormittag war, hatte ich wohl keine Chance, das Christkind auf diesem Weg zu erreichen.

Ja, das Christkind vom Weihnachtsmarkt in Speyer war nur zehn Stunden pro Woche im Dienst. Und genau das ist der Unterschied zwischen einem Weihnachtsmarkt und unserem Glauben. Unser »Christkind« ist 24 Stunden am Tag erreichbar und das an 365 Tagen im Jahr. Und wir brauchen kein Telefon und auch keinen sauber geschriebenen Wunschzettel. Nur wünschen muss man können – und daran glauben.

9. DEZEMBER

10. DEZEMBER

Ganz frisch

Die deutsche Sprache hat ja schon so ein paar interessante Eigenheiten. Und das erfahren leidvoll alle diejenigen, die sie erlernen möchten.

Wenn man zum Beispiel »Leben« schreibt, also mit Großbuchstabe am Anfang, dann ist es ein Hauptwort, manche sagen auch »Dingwort« dazu. Wird es dagegen mit kleinem Buchstaben geschrieben, also »leben«, dann ist es ein Verb – oder wie wir es früher gelernt haben, ein »Tu-Wort«.

Und das eine wird manchmal durchaus mit dem anderen verwechselt – übrigens nicht nur von denjenigen, für die Deutsch eine Fremdsprache ist. Da macht man aus etwas, was eigentlich getan werden sollte, eine Sache. Und deshalb tut man dann auch nichts mehr. Aber es funktioniert auch anders herum: Aus einer Sache macht man ein »Tu-Wort« und wundert sich, warum man gar keine Zeit mehr hat.

Die Wörter »glauben«, »leben« und »lieben« sind eindeutig »Tu-Wörter« – sie wollen getan und gelebt sein. Advent ist die Einladung, zu »leben«. Und deshalb müsste man auch »Advent« eigentlich kleinschreiben, denn Advent will getan sein. Aber in diesen Tagen geht es nicht darum, einfach etwas zu tun, sondern zu schauen, *was* ich denn tue. Denn nicht jedes »tun« hilft, wirklich zu »leben«. Eine spannende Frage: Was hilft mir leben? Wie lässt sich Advent leben?

Wie wäre es mit »frisch«?

Ich mag das Wort. Es regt mich an, belebt mich, atmet Neues. Und es öffnet. Will aufbrechen. Macht Anderes möglich. Maria hat es so erlebt. Josef auch. Sie haben sich darauf eingelassen.

Wie wir Advent leben, das hat Tradition. Wir schreiben Bewährtes fort: Weihnachtsmarkt Glühwein Gänsebraten Geschenke einpacken Weihnachtspost schreiben Parkplatz suchen tun was zu tun ist. Das aber ist nicht Advent.

> Advent heißt
> das Andere wagen
> das Unerwartete erhoffen
> das Unmögliche tun
> sich aufbrechen lassen
> sich auf den Weg machen
> das Neue wagen
>
> ganz neu
> und ganz frisch

11. DEZEMBER

Ungezähmt

Advent ist Aufbruch ins Leben. Advent ruft heraus – weil da eine Sehnsucht ist: Da muss doch mehr als alles sein. Ja, da ist mehr. Da ist mehr als all das, mit dem ich mich zufriedengegeben habe. Das, was ist, reicht nicht.

Die Farbe der Sehnsucht ist lila, sagte ein Freund. Weil meine Sehnsucht mich lehrt, welche Wege nicht zum Leben führen. Weil ich vielleicht umkehren muss, aus Sackgassen und Holzwegen.

Weil ich vielleicht erkennen muss, dass ich in der Schule des Lebens erfolgreich sitzengeblieben bin. Weil ich aus meinem Leben nicht das gemacht habe, was ich hätte machen können.

Advent lädt dazu ein, sich von all dem zu verabschieden: von den Holzwegen und Sackgassen und Wohnlandschaften meines Lebens. Und neu den Aufbruch zu wagen … noch einmal zu beginnen.

Wer aufbricht, der verlässt die Sicherheiten, der macht sich auf den Weg, der setzt sich Wind und Wetter aus, der riskiert etwas.

In diesem Sinn ist Advent gefährlich. Wer adventlich lebt, zeigt sich, kommt hervor, macht sich berührbar. Der ist auf dem Weg, unbequem und unbehaust.

Aber der ist in guter Gesellschaft: mit Maria und Josef unterwegs, mit den drei Weisen, die dem Stern folgen, mit den Hirten, die ihre Herden verlassen.

Aufbruch ins Leben.

Wie man das im Advent leben soll? Wie wäre es mit »wild«?

Zugegeben – das Wort mag überraschen. Aber genau damit wären wir ja mittendrin in dem, wie Advent eigentlich auch sein soll, nämlich überraschend.

Das Gegenteil von »wild« ist »zahm« und »gezähmt«. Etwas Ursprüngliches wird den Bedürfnissen und Interessen anderer angepasst. Man handelt und reagiert so, wie es von einem erwartet wird. Und der passende Satz dazu lautet: »Das haben wir aber schon immer so gemacht!«

Das haben Josef und Maria übrigens nie gesagt. Die mögen sich zwar auch gefragt haben, was die Nachbarn dazu meinen, haben aber trotzdem so gehandelt, wie sie es für richtig hielten.

wild

nicht den Erwartungen anderer entsprechen
das Eigene suchen, finden –
und den Mut haben, es zu leben
sich nicht zähmen lassen
sondern ursprünglich bleiben

und den eigenen Träumen trauen
und der Sehnsucht auf der Spur sein

ungezähmt und
voller Neugier

11. DEZEMBER

12. DEZEMBER

Auf das Leben lauschen

Für viele sind diese Tage sehr umtriebig und manchmal auch laut – und es gibt genug zu tun in diesen Tagen. Aber ob wir da immer das Richtige tun?

Advent ist die Einladung, auf die leisen Töne zu lauschen. Da sind die Lieder der Sehnsucht und Verheißung: »Tauet, Himmel, den Gerechten ...« Da sind die uralten Texte der Hoffnung: »Dann wohnt der Wolf beim Lamm ...« Da sind die leisen Stimmen von Menschen auf der Flucht, auf dem Sterbebett, einsam in einer kalten Wohnung.

Das ist das Hinhören auf die Stimme Gottes in mir, auf sein leises Werben, das mich meint. Seine Fragen, seine Worte der Liebe.

Um lauschen zu können, muss man still werden. Die Heilige Nacht ist eine »stille Nacht«. Damit könnte man es ja in diesen Tagen schon einmal probieren: sich in eine Kirche setzen und ruhig werden, in der Küche am noch nicht abgeräumten Frühstückstisch eine Kerze anzünden, am Abend für ein paar Minuten vor der Tür stehen und zum Himmel schauen ... lauschen.

Und wenn man genau hinhört, dann kann man fromm werden. Nein, das hat nicht unbedingt etwas mit »brav« und »in den Gottesdienst gehen« zu tun – obwohl gerade in diesen Tagen eine ruhige Viertelstunde in einer Kirche gut tun kann. Frömmigkeit, das ist eine der Gaben des Heiligen Geistes. Deshalb ist sie kein nettes Teelicht, sondern ein Feuer. Da säuselt es nicht sanft, sondern dann stürmt es. Und wir sind gefragt, uns in diese Kraft hineinzustellen – so wie ein Segelboot über das Meer jagt, wenn es »vor dem Wind« ist: aufbrechen, Segel setzen, Flagge zeigen. Nicht länger im Hafen herumdümpeln.

Maria hat gelauscht, sie hat diese Kraft zugelassen. Spirituell könnte man das »Hingabe« nennen. Und das passt zur eigentlichen Bedeutung des Wortes »fromm«, das Wort steht nämlich ursprünglich für »nützlich, sich brauchen lassen, tapfer, mutig«.

12. DEZEMBER

fromm – mich von Gott brauchen lassen
mich geben ohne Angst
voll Vertrauen selbstbewusst

ganz fromm
und ganz frei

und mit
ganz viel Liebe

13. DEZEMBER

Aber die Nachbarn

Mit der Geburt Jesu Christi war es so: Maria, seine Mutter, war mit Josef verlobt; noch bevor sie zusammengekommen waren, zeigte sich, dass sie ein Kind erwartete – durch das Wirken des Heiligen Geistes.

Josef, ihr Mann, der gerecht war und sie nicht bloßstellen wollte, beschloss, sich in aller Stille von ihr zu trennen. Während er noch darüber nachdachte, siehe, da erschien ihm ein Engel des Herrn im Traum und sagte: Josef, Sohn Davids, fürchte dich nicht, Maria als deine Frau zu dir zu nehmen; denn das Kind, das sie erwartet, ist vom Heiligen Geist. Sie wird einen Sohn gebären; ihm sollst du den Namen Jesus geben; denn er wird sein Volk von seinen Sünden erlösen.

Dies alles ist geschehen, damit sich erfüllte, was der Herr durch den Propheten gesagt hat: Siehe: Die Jungfrau wird empfangen und einen Sohn gebären und sie werden ihm den Namen Immanuel geben, das heißt übersetzt: Gott mit uns.

Als Josef erwachte, tat er, was der Engel des Herrn ihm befohlen hatte, und nahm seine Frau zu sich.

Die Bibel, Matthäusevangelium, Kapitel 1, Verse 18–24

Immer wieder höre ich die bange Frage: »Hab ich auch alles richtig gemacht?« Oft ist sie verbunden mit der Angst, den Erwartungen anderer nicht zu entsprechen oder irgendwie negativ aufzufallen. Wenn ich dann behutsam nachhake, kann ich gelegentlich schon mal hören, dass man es eigentlich gerne anders gemacht hätte – aber man hat sich nicht getraut.

Josef traut sich. Konfrontiert mit einer für ihn unmöglichen Situation, tut er erst einmal nicht das, was *man* tut. Er denkt nach. Er überlegt. Er macht seine Entscheidung nicht abhängig von den anderen. Er geht seinen Weg. Und der ist anders. Ganz gleich, wie gekränkt, verletzt, verwirrt Josef im ersten Moment gewesen sein mag – seine Beziehung zu Maria trägt durch. Nichts tun, was sie bloßstellt, entwürdigt, ihr die Chancen für die Zukunft nimmt. Und mehr noch: Er hört auf die Stimme des Engels. Die aber kann man nur hören, wenn man den Mut hat, den eigenen Weg zu suchen und zu finden. Wenn man das Risiko eingeht, anders zu sein, zu handeln, zu leben. Und Josef entscheidet sich »und er nahm seine Frau zu sich …« – und wahrscheinlich war ihm in diesem Moment die Meinung der anderen ziemlich egal. Für ihn hat es so gestimmt.

Jedenfalls – ich kann mir für Jesus keinen Vater vorstellen, der bange fragt: »Mach ich auch alles richtig?« Das kann nur einer sein, der sagt: »Ich handle so, wie ich es für richtig halte – ganz egal, was die Nachbarn dazu sagen!«

13. DEZEMBER

14. DEZEMBER

Durchkreuzt der Traum

josef aus nazaret
zimmermann
mit maria verlobt
die zukunft liegt vor ihm

und wird durchkreuzt

maria
eine junge frau
mit josef verlobt
die zukunft liegt vor ihr

und wird durchkreuzt

maria schwanger
ein engel
fürchte dich nicht
allein

josef bestürzt
allein
fürchte dich nicht
ein engel

wenn
gott
ein
bricht

werden kleine träume
durchkreuzt
um großen träumen
raum zu geben

15. DEZEMBER

Engelsboten-Boten-Engel

*Betet, Brüder und Schwestern,
dass mein und euer Opfer Gott,
dem allmächtigen Vater, gefalle.*

Wir bitten dich, allmächtiger Gott: Dein heiliger Engel trage diese Opfergabe auf deinen himmlischen Altar vor deine göttliche Herrlichkeit …

AUS DER KATHOLISCHEN EUCHARISTIEFEIER

Ein Engel das ist ein Bote
das ist einer
der hier und da
zu Hause ist
der sich hier und da
auskennt
im Himmel und auf der Erde
bei Gott
und den Menschen
das ist einer
der das eine
zum anderen bringt
und das andere zum einen
einer der Gottes Wort
in unserer Sprache sagt
und unsere Anliegen
vor Gott bringt

Dolmetscher Grenzgänger
Bote mit Botschaften

und es stellen sich
zwei spannende Fragen

höre ich noch
was der Engel mir sagt

und weiß ich was ich
dem Engel mitgeben will

15. DEZEMBER

hören hinhören auf das
was Gott von mir will
sein Auftrag
seine Zusage
sein Wort

und

mitgeben
mich mein Leben
meine kläglichen Antwortversuche
mein Bemühen zu lieben
meine Tränen meine Traurigkeit
meine Einsamkeit und meine Angst
Ratlosigkeit und Ohnmacht
mein Nicht-können Nicht-wissen

aber auch
meine Träume und Hoffnungen
meine Lust am Leben
meine Freude und Zuversicht
mein bisschen Glauben und Vertrauen

all das bringe ich vor dich
all das lege ich auf den Altar

und ich kann nur
hoffen beten vertrauen

15. DEZEMBER

dass dein heiliger Engel
all meine Gaben
all das Dunkle und Helle
alle Schmerzen und alles Leid
alle Freude und Hoffnung
all das was ich dir gebe

als mein Opfer
auf deinen himmlischen Altar trage

und ich kann nur bitten:
erfülle uns mit aller Gnade
und allem Segen des Himmels

16. DEZEMBER

Keine Zeit?

Zugegeben: Für viele ist das Tempo in diesen Tagen hoch. Was muss aber auch noch alles vor Weihnachten getan und organisiert und eingekauft und verpackt werden! Und dann kommen die ganzen Adventsfeiern dazu – und zu dem Konzert will man ja auch. Manche spotten sogar schon: »Wir jagen von Besinnung zu Besinnung!« Und letztes Jahr hörte ich zum ersten Mal den etwas resignierten Satz: »Früher war Weihnachten später!« So ist es nicht verwunderlich, dass manche seufzen: »Zeit für Gott, für Ruhe? Ich komm doch so schon nicht rum mit dem, was zu tun ist!« Manchmal ein bisschen barsch gesagt, aber oft klingt auch eine leise Sehnsucht mit, denn irgendwie, es wäre ja doch ganz schön, wenn man ein wenig mehr Zeit für Stille, für sich, für Gott hätte … aber wie soll man das denn noch im Tagesablauf unterbringen? Wo soll man denn noch eine Viertelstunde herausschneiden? Ja, manchmal ist das schwierig.

Aber muss es denn gleich eine Viertelstunde sein? Wie wäre es denn mit einer Minute oder 20 Sekunden? Das ist die Zeit, in der der Computer hochfährt, das ist die Zeit an der roten Ampel, die Zeit, in der die Nudeln noch einmal aufkochen, bevor ich die Herdplatte herunterschalte, die Zeit an der Supermarktkasse, wo ich anstehen muss. Und in diesen kleinen, kurzen Momenten Gott einfach in mein Leben hereinholen, an ihn denken, mit dem Herzen sagen: »Hier bin ich, Gott!« Vielleicht gibt es einen Satz aus einem Psalm oder einem Lied, der mir etwas bedeutet, den ich in dieser Zeit vor mich hin sprechen kann. Für einen Augenblick lang mich in die Gegenwart Gottes stellen, mir seiner bewusst werden, dazu brauche ich nicht unbedingt gleich eine Kirche und eine Viertelstunde Zeit.

Wenn Gott etwas mit meinem Leben zu tun hat, dann ist er auch bei mir und mit mir an der roten Ampel, in dem Moment, kurz bevor das Nudelwasser kocht oder der Computer hochfährt. Es liegt an mir, ob ich Gott in diesen kurzen Momenten in mein Leben hereinlasse. Und dieses ganz kurze »sich in die Gegenwart Gottes stellen« kann manchmal schon reichen, um den Blickwinkel zu ändern, um einmal tief Luft zu holen, durchzuatmen, neu zupacken zu können. Oder anders gesagt: um mich zu erinnern.

Und das kennen wir ja auch aus anderen Beziehungen. Im anfordernden Alltag zwischen Beruf, Haushalt, zu pflegenden Eltern und pubertieren-

16. DEZEMBER

den Kindern hat man oft keine Zeit mehr für die »Zeit zu zweit«. Aber wenn es zwischen den beiden »stimmt«, dann reicht ein liebes Wort, ein Kuss, eine sanfte Geste, eine SMS, um sich gegenseitig zu erinnern. Es braucht allerdings ein entsprechendes Fundament. Dafür aber muss man immer mal wieder etwas tun: einen gemeinsamen Abend einplanen, vielleicht sogar ein Wochenende. Das braucht auch mal einen längeren Brief, eine mitgebrachte Rose oder die Lieblingsschokolade.

Und das ist mit Gott nicht anders wie mit der Liebe. Es braucht die Basis, um sich und den anderen in solchen kleinen Zeichen und Gesten der Nähe erkennen zu können, eine Art Grundvertrauen, ein Vertraut-Sein. Ein altes Sprichwort sagt es so: »Man kann nicht erst schwimmen lernen, wenn man am Ertrinken ist!« Wenn man aber ins Wasser fällt und schwimmen kann, dann wird man ganz instinktiv die richtigen Bewegungen machen. Wenn das Fundament da ist, braucht es nicht viele Erklärungen – da versteht man sich blind.

Und bevor Sie jetzt in Panik geraten und nochmal sagen: »Aber dafür habe ich keine Zeit ...« Gott hat dieses Fundament schon längst gelegt. Er ist da. Für mich, für dich und für alle Menschen, die meinen, keine Zeit für ihn zu haben. Und diese Minute oder die zwanzig Sekunden zwischen Nudeltopf und Bügeleisen, Computer und roter Ampel reichen durchaus, um zu sagen: »Gott, hier bin ich!« Auch und gerade in diesen Tagen vor Weihnachten! Und vielleicht ergibt sich ja dann irgendwann die Gelegenheit, auch mal wieder etwas an dem Fundament zu tun?

Übrigens: Spräche eigentlich irgendetwas dagegen, als Passwort in Ihrem Computer eine kurze Gebetszeile einzugeben? Zum Beispiel: »God4me« oder »ergibt8«? Einfach so als Erinnerung?

16. DEZEMBER

17. DEZEMBER

Advent-Fragebogen

Die folgenden Fragen sind einfach als Anregung gedacht. Suchen Sie sich diejenigen aus, die Ihnen am meisten Lust machen oder über die Sie sich ärgern, die also auf die eine oder andere Weise irgendwie Energie in Ihnen freisetzen. Falls Sie mögen: Nehmen Sie sich ein wenig Zeit (gerade dann, wenn Sie das Gefühl haben, im Moment überhaupt keine Zeit zu haben!) und beantworten Sie die Fragen schriftlich – damit nehmen Sie sich und Ihren Advent ernst.

Und wenn so ein Fragebogen für Sie grad überhaupt nicht passt, dann nehmen Sie sich die Freiheit – und legen ihn an die Seite. Auch eine solche Freiheit kann durchaus adventlich sein!

- Bin ich in diesem Jahr überhaupt im Advent angekommen, lebe ich den Advent? Oder stecke ich noch im November fest – oder feiere ich gar schon Weihnachten?

- Welche Farbe hat mein Advent in diesem Jahr?

- Wie »schmeckt« mein Advent?

- Und wonach »riecht« er?

- Welches Dunkel in mir könnte grad einen Stern brauchen?

- Welchen Namen würde ich meinem Advent geben?

- Was ist in diesem Jahr mein Adventslied? Das kann ein klassisches Lied sein, aber auch ein ganz modernes und weltliches …

- Gibt es eine adventliche Bibelstelle für mich?

- Wonach sehne ich mich wirklich?

- Gibt es etwas, das in mir zur Welt kommen will?

- Warte ich auf etwas? Auf jemanden?

- Mit wem oder was aus der biblischen Weihnachtsgeschichte könnte ich mich in diesem Jahr besonders gut identifizieren? Den Hirten, den Weisen aus dem Morgenland? Mit dem Stern, dem Stall, der Krippe? Oder bin ich vielleicht doch eher die Laterne – oder der Esel? Oder …?

18. DEZEMBER

Friedenslicht mit Hindernissen

Dienstagabend, dritte Adventswoche ... plötzlich klingelt es an der Haustür. Draußen steht die angehende Gemeindereferentin, eine Stalllaterne in der Hand mit einer brennenden Kerze darin. »Ich bring euch das Friedenslicht aus Betlehem«, sagt sie fröhlich. Klar – Friedenslicht aus Betlehem, kenn ich. Aber – was mach ich jetzt damit? Denn die kleine Stalllaterne will sie natürlich wieder mit nach Hause nehmen. Mein Blick fällt auf die große, alte Osterkerze im Flur – ob man das Friedenslicht da wohl »zwischenparken« kann? Und kann man mit dem weihnachtlichen Friedenslicht aus Betlehem eine Osterkerze anzünden? Aber zum Nachdenken hab ich jetzt nicht viel Zeit ...

Als kurze Zeit später Schwester Ulrike heimkommt, beratschlagen wir, was wir am besten machen. Ich habe ein bisschen Angst, eine offene Flamme im Haus, auch nachts oder wenn wir beide unterwegs sind? Ich habe es schon erlebt, dass Wachs sich entzündet hat oder dass in einer Kerze ein großes Luftloch war und der brennende Docht hinuntergefallen ist. Ulrike beruhigt mich: »Wir stellen die Kerze in die größte Glasvase, die wir haben, dann dürfte eigentlich nichts passieren.« Trotzdem schlafe ich unruhig in der Nacht ... Am Morgen ist die Kerze, die wir mit dem Friedenslicht angezündet haben, schon ziemlich weit heruntergebrannt. Wie lange sie wohl noch brennen wird? Vorsichtshalber zünden wir eine zweite Kerze an, und ich bekomme den Auftrag, 24-Stunden-Brenner zu kaufen ... irgendwie nimmt die Sache grad eine eigene Dynamik an. Aber man kann doch so ein Licht, das den weiten Weg von Betlehem bis ins Emsland gemacht hat, nicht einfach auslöschen und dann mit einem Feuerzeug wieder anzünden! Und so gewöhn ich es mir in diesen Tagen an, immer mal wieder vom Computer aufzustehen und nachzuschauen, ob mit den brennenden Kerzen noch alles okay ist. Denn natürlich gehen wir jetzt auf Nummer sicher und haben zwei Kerzen brennen ...

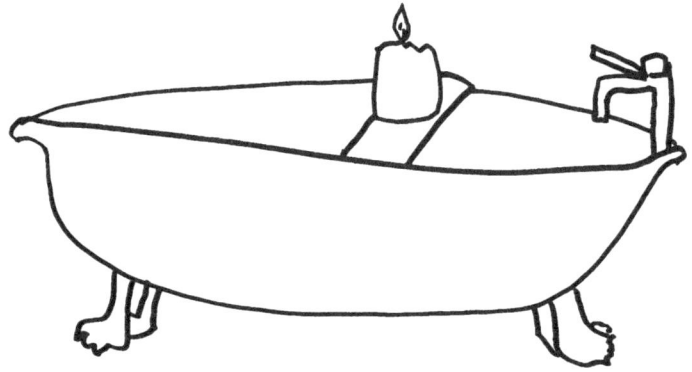

18. DEZEMBER

Ich muss selbst ein wenig schmunzeln und erzähle einige Tage später der jungen Frau, die uns das Licht gebracht hat, von all unseren Überlegungen und Ängsten und unserer Sorge. Sie sagt nur ganz trocken: »Badewanne!« Ich schaue sie etwas unsicher an. »Ja«, erklärte sie, »manche Leute stellen das Friedenslicht über Nacht in die Badewanne, damit nichts passiert ...« Das Friedenslicht aus Betlehem in der Badewanne? Na ja, warum nicht ...

Aber ein wenig nachdenklich bin ich in diesen Tagen schon. Ob wir uns wohl genauso viel Mühe mit dem wahren Weihnachtslicht machen, damit es uns nicht ausgeht? So dass wir am liebsten noch eine zweite Kerze damit anzünden? Und ob wir da genauso viel Angst haben, dass es etwas in Brand setzen könnte?

Zugegeben, mit der elektrischen Weihnachtsbeleuchtung tut man sich leichter, die schaltet man ein und wieder aus, und normalerweise gerät da nichts in Brand. Und vielleicht sagt gerade das etwas darüber aus, was wir aus Weihnachten gemacht haben ... Wir schalten ein und schalten aus und müssen höchstens mal eine Glühbirne auswechseln ...

19. DEZEMBER

Weihnachten im Oktober

Vor einigen Jahren fand mein Weihnachten am 21. Oktober in Liechtenstein statt. Ich leitete dort Einkehrtage für Ordensschwestern. Das Referentenzimmer im Haus hatte eine große Terrasse, da stand ich oft, das junge Rheintal vor mir, die Berge auf der anderen Seite des Tales – wunderschön!

Irgendwann fiel mein Blick auf den Boden – und da blinkte was. Als ich mich bückte, sah ich, dass es ein ganz kleiner, glitzernder Stern war, vielleicht 5 Millimeter groß. Der lag da mitten zwischen den Kieselsteinen, fast schon vom Grün überwuchert. Okay, wenn es Januar gewesen wäre, hätte ich mich nicht gewundert. Manchmal legen Menschen zu ihren Weihnachtsgrüßen solch kleine Sternchen dazu. Und die findet man dann an den unmöglichsten Orten. Aber im Oktober? Und auf einer Terrasse?

Weihnachten geschieht immer und überall. Und wahrscheinlich am allerwenigsten dann, wenn wir es erwarten. Da finden wir einen Stern, obwohl wir ihn gar nicht suchten. Da wird uns etwas geschenkt, mit dem wir gar nicht gerechnet hatten. Da erfüllt sich etwas, das wir uns gar nicht erträumt hatten.

Weihnachten kann in unserem Leben immer dann geschehen, wenn wir offen für das Andere sind. Wenn wir uns auf etwas einlassen, das wir noch nie so gemacht haben. Wenn wir einen Stern am Himmel suchen, um ihn dann auf dem Boden zu entdecken. Wenn uns das Kleine, Unscheinbare einen Blick wert ist. Dann kann Weihnachten auch mitten im Oktober oder im Mai sein.

Weihnachten – das ist aber zugleich eine ganz andere Botschaft. Nicht ich finde, sondern ich werde gefunden. Gott selbst sucht mich. Und deshalb wird er Mensch, wird er Kind, um in mein Leben hineinzupassen.

Eigentlich muss ich gar nichts tun, nicht warten, suchen, lauschen … Er ist schon längst da. Ich muss gar nicht finden, sondern darf mich einfach finden lassen. Das ist Weihnachten.

> Gott kommt.
> Zu mir.
> In meinen Stall.
> Und er findet mich.
>
> Auch im Mai oder im Oktober.

20. DEZEMBER
Hingabe

Meistens wird Gott
ganz leise
Mensch

die Engel
singen nicht
die Könige gehen vorbei
die Hirten bleiben
bei ihren Herden

meistens wird Gott
ganz leise
Mensch

von der Öffentlichkeit
unbemerkt
von den Menschen
nicht zur Kenntnis genommen

in einer kleinen Zweizimmerwohnung
in einem Asylantenwohnheim
in einem Krankenzimmer
in nächtlicher Verzweiflung
in der Stunde der Einsamkeit
in der Freude am Geliebten

meistens
wird Gott
ganz leise Mensch

wenn Menschen
zu Menschen
werden

21. DEZEMBER

Wintersonnenwende

Drei Tage vor Weihnachten … bei mir kehrt irgendwann um diesen Tag auch ein wenig Ruhe ein. Allzu viel kann ich eh nicht mehr machen. Die »Zu-erledigen-Listen« haben sich ziemlich reduziert, die meiste Weihnachtspost ist unterwegs, die Päckchen und Pakete sind alle schon angekommen, na ja, wenn man von Südafrika absieht. Der Kühlschrank ist voll, Getränke stehen im Keller, Vogelfutter ist gekauft. Jede Karte, die ich noch schreibe, kommt wahrscheinlich sowieso erst nach den Feiertagen an. Geschenke, die ich bis jetzt nicht habe, müssen eben warten. Der letzte dienstliche Termin hat stattgefunden, der nächste wird erst nach den Weihnachtsferien sein.

Fast ist es so, als ob sich an diesem Tag in mir ein Schalter umdreht. Bisher hab ich getan und gemacht – jetzt kann es Weihnachten werden. Jetzt kann ich loslassen und kommen lassen. Loslassen, sich nicht länger bestimmen lassen von dem, was noch zu tun und zu machen wäre. Loslassen, um offen zu werden für das Andere – Weihnachten.

Übrigens: »Die Dinge loszulassen bedeutet nicht, sie loszuwerden. Sie loslassen bedeutet, dass man sie sein lässt«, so Jack Kornfield, US-amerikanischer Buddhist.

Jetzt kann Weihnachten werden und sein. Alles andere kann ich sein lassen.

Ab heute ist es an jedem Tag wieder eine Minute länger hell und die Nacht eine Minute kürzer. Wir gehen dem Licht entgegen. Weihnachten kommt.

21. DEZEMBER

22. DEZEMBER

Der letzte Weihnachtsbaum

Im Norddeutschen Rundfunk wurden Menschen interviewt, die im Advent beruflich besonders viel zu arbeiten haben. Und so bekam ich durch Zufall auch das Gespräch mit einem Verkäufer von Tannenbäumen mit. Klar, sagte der, haben sie im Advent lange Arbeitszeiten, das sei in dem Beruf eben so – und das wisse man. Dafür gäbe es dann auch wieder ruhigere Zeiten im Jahr.

»Und«, fragte der Reporter am Ende des Gesprächs neugierig, »was für einen Tannenbaum haben Sie denn zu Hause?« – »Ach, wir nehmen immer den letzten, der übrigbleibt ...«

Der letzte, der übrigbleibt, der, den keiner gewollt hat. Das fand ich überraschend und irgendwie sympathisch anders. Einer, der Autos verkauft, fährt selbst das neueste und beste Modell. Ein Architekt legt Wert darauf, in einem Haus zu wohnen, das etwas hermacht. Zu Weihnachten muss es unbedingt das neueste Modell von dem und dem Smartphone sein. Und keiner würde sich wagen, als Geschenk mit etwas anzukommen, das kein anderer gewollt hat und das deshalb einfach übriggeblieben ist.

Auch ein Verkäufer von Tannenbäumen hätte die Möglichkeit, sich den schönsten und besten Baum auszusuchen – und damit zugleich Werbung dafür zu machen, welch tolle Bäume er doch im Angebot hat. Aber bei ihm zu Hause steht an Weihnachten ein Baum, der wahrscheinlich ein bisschen krumm gewachsen ist, ein paar Äste mehr haben könnte – ein Baum, der für andere nicht schön genug war.

Und ich glaube, damit sind wir genau bei dem, was Weihnachten eigentlich meint. Jesus Christus kommt nicht in einem Palast zur Welt, sondern in einem Stall – an einem Ort, der grad noch übriggeblieben ist, weil alle Herbergen belegt waren. Es sind die Hirten, die »Zu-kurz-Gekommenen«, die draußen bei den Herden Wache halten, während alle anderen schlafen, denen der Engel die frohe Botschaft verkündet. Jesus geht zu denen, die am Rand stehen und ausgegrenzt sind, zu denjenigen, die übriggeblieben sind, die keiner gewollt hat, weil sie nicht tüchtig, hübsch oder gut genug sind. Gott will die, die sonst keiner wollte.

Das ist die Botschaft von Weihnachten.

22. DEZEMBER

23. Dezember

Weihnachten ist handgemacht

Auf der Rückfahrt von einem Kurs in Aliwal North nach Durban hielten wir auch bei einem der urigen Geschäfte mitten auf dem Land, die man in Südafrika immer wieder einmal findet: selbstgemachte Marmelade, Handwerkliches, Keramik, Kisten mit alten Büchern, Kleidung aus zweiter Hand ... eine Schatzkiste für Sucher, Finder und Entdecker. Und draußen, ans Haus gelehnt, stand mitten im August ein großer Weihnachtsbaum. Er war aus Blech geschnitten, behängt mit Sternen, Monden und Herzen. Da war es jemandem wichtig gewesen, seinen eigenen, ganz persönlichen Weihnachtsbaum zu machen – kein Tannengrün, keine Kerzen, noch nicht einmal ein Christbaumständer.

Weihnachten braucht all das nicht.
Weihnachten braucht mich.
Weil Gott mich berührt.

Und immer dann, wenn Gott mich berührt, dann ist Weihnachten.

Deshalb kann man Weihnachten nicht kaufen – das ist handgemacht. Es gibt kein Weihnachten »von der Stange« – sondern jedes Weihnachten ist ganz individuell, einzigartig und persönlich. Denn Gott meint mich.

Weihnachten ist handgemacht – von Gott für mich. Keine Serienfertigung, keine Massenproduktion.

Mein Weihnachten – meine heilige Nacht – Gott wird Mensch – in mir.

Ob Weihnachten geschehen kann, das hängt nicht davon ab, ob ich alles erledigt habe, was ich erledigen wollte. Weihnachten geschieht – und alle Vorbereitungen können nur eine Hilfe dabei sein, damit es geschehen kann.

Weihnachten bekomme ich geschenkt. Aber ich muss das Geschenk wenigstens auspacken und anschauen. Ich muss spüren, dass Weihnachten mich meint. Wenn ich ahne, dass diese Botschaft mir gilt, dass Gott für mich Mensch wird und dass er alle Wege mit mir geht – dann kann Weihnachten werden.

Weihnachten kann nur geschehen, wenn ich es an mir geschehen lasse.

Könnte sein, Weihnachten war schon längst.
Kann sein, Weihnachten wird erst noch sein.
Aber ganz sicher – Weihnachten ist.
Gott macht es ganz persönlich für mich.

23. DEZEMBER

24. Dezember

Heilige Nacht

Der HERR machte Dunkelheit zu seinem Versteck,
zu seiner Hütte um sich herum,
dunkle Wasser, dichte Wolken.

Die Bibel, Psalm 18, Vers 12

»Weihnacht«, das ist die geweihte, die heilige Nacht. Mitten im Dunkel kommt Gott zur Welt, geschieht das Wunder, nimmt sich das Geheimnis seinen Raum.

Im Dunkel der Nacht lenkt nichts ab, keine Farben, kein Lärm. Man schaut genauer, um wenigstens Umrisse zu erkennen, man hört schärfer hin, um die leisen, gewisperten Töne wahrzunehmen.

Und nur dann kann die Sehnsucht nach dem Licht wachsen, nach dem Wort, das mir gilt, der Berührung, die mich meint. Es braucht das Dunkel, damit das Licht aufscheinen kann, damit ich den Stern entdecken kann, der mir den Weg weist. Und ich taste nach der Hand, die mich hält ...

Gott kommt nicht im hellsten Tageslicht zur Welt – im Gegenteil, er hat sich die Dunkelheit als sein Versteck erwählt.

Gott versteckt sich in der Dunkelheit. Was für eine Zusage! Das Dunkel ist nicht gottlos – sondern

Gottes voll. Er nimmt das Dunkel nicht weg, denn es gehört zum Mensch-Sein dazu. Aber er wohnt im Dunklen, ist dort zu Hause, auch wenn wir das Gefühl haben, dass wir alleine sind, weil wir ihn nicht sehen.

Aber wenn sich Gott in der Dunkelheit versteckt, dann braucht mir die Nacht keine Angst zu machen. Dann kann ich zu dem und mit dem sprechen, der in der Dunkelheit ist. Dann kann ich die Dunkelheit aushalten, weil ich weiß, Gott ist trotzdem da. Dann kann ich mich der Nacht geben, weil sie Gottes voll ist.

Vielleicht ist genau das die Weihnachtsbotschaft: Gott ist im Dunkel meiner Nacht – und das macht meine Nacht zur Heiligen Nacht. Gott ist meine Nacht so wertvoll, dass er in ihr zur Welt kommt, zu mir kommt.

Das ist Weihnachten.

Mitternacht ist lange vorbei. Die Freunde sind nach Hause gegangen. Die Gottesdienste sind gefeiert. Die Geschenke sind ausgepackt.

Und doch fehlt mir noch was.

Unschlüssig räume ich ein wenig auf, räume das Geschirr und die Gläser in die Spülmaschine ein, versorge das Essen, das übriggeblieben ist.

Und dann gehe ich zum Stall.

Behutsam öffne ich die Tür. Obwohl es dunkel ist, gibt es doch ein sanftes Licht. In einer Ecke stehen Ochs und Esel und malmen ihr Heu.

Dort drüben liegen Josef und Maria auf dem Stroh, eng aneinander geschmiegt. Sie schlafen, müde von all den Anstrengungen.

Und da, die Krippe – das Kind, von dem das sanfte Licht ausgeht.

Auch das Kind schläft.

Zögernd trete ich näher.

Da öffnet das Kind die Augen und schaut mich an.

24. DEZEMBER

Und es lächelt.
Und es breitet seine Arme aus.

Und ich knie nieder
und schaue es an
und ich werde ganz still

und
das Kind

schaut mich an
und
es lächelt
mir zu

und
Friede
kehrt ein

jetzt
ist Weihnachten

24. DEZEMBER

25. DEZEMBER
Ich bin Weihnachten

*Und das Wort ist Fleisch geworden
und hat unter uns gewohnt.*

Die Bibel, Johannesevangelium Kapitel 1, Vers 14

Zu keiner anderen Zeit im Jahr werden so viele gute und schöne Worte ausgetauscht. »Fröhliche Weihnachten Ihnen!« – »Friedvolles Fest!« – »Gesegnete Tage!« – als Gruß, am Telefon, auf unzähligen Weihnachtskarten, in WhatsApp-Botschaften, per Mail, als SMS. Die Kassiererin im Supermarkt wünscht es und der Postbote, Firmen verschicken die Wünsche als »Dialog-« oder »Infopost«, manche gestalten aufwändige Grußkarten mit Text und Bild für Freunde und Verwandte, und in der Zeitung gibt es ganze Anzeigenseiten mit Weihnachtswünschen von Geschäften und Handwerksbetrieben.

Gute Worte, im Vorübergehen ausgesprochen, haben einen »Augenblickswert«, sie stimmen für diesen Moment, aber sie verfliegen, verflüchtigen und verlieren sich auch.

Schreibt man sie auf, wird es verbindlicher, man legt sich fest, und andere können einfordern, was da geschrieben steht.

Und so macht es schon auch einen Unterschied, ob mir jemand im Vorübergehen »Schöne Weihnachten« wünscht oder sich die Mühe macht, mir das auf einer Weihnachtskarte zu schreiben.

In den Gottesdiensten am ersten Weihnachtsfeiertag wird der »Prolog« des Johannesevangeliums gelesen, ein wunderschöner, poetischer Text, ein wenig geheimnisvoll und gerade dadurch in Bann ziehend. Und auch da ist von einem »Wort« die Rede, dem Wort, das bei Gott war. Gott selbst ist

25. DEZEMBER

das Wort. Er behält aber dieses Wort nicht bei sich, sondern schickt es hinaus in die Welt und zu den Menschen. Und er geht sogar noch einen Schritt weiter – er lässt sein Wort Mensch, »Fleisch« werden. Er macht sich verbindlich, legt sich fest auf seine Liebe zu uns Menschen, lässt diese Liebe lebendig werden, in Jesus Christus.

Und so wird das Wort Mensch, so weben sich um das Wort herum Handlungen und Taten, das Wort, eine Idee, nimmt Gestalt an, bekommt Form und wird sichtbar und greifbar. Und das geht so weit, dass er sich auf diese Liebe hin festnageln lässt – er lebt und liebt bis in die letzte Konsequenz hinein – bis zum Tod am Kreuz.

Das ist die »Ungeheuerlichkeit« von Weihnachten, die Größe, die Radikalität. Da sagt mir einer nicht nur, dass er mich liebt, sondern er liebt mich so sehr, dass diese Liebe Mensch wird. Aus einer Idee, einem Gedanken wird Dabeisein, Mit-gehen, Für-mich-sein – ganz konkret, ganz verbindlich, ganz nah. *Und das Wort ist Fleisch geworden und hat unter uns gewohnt* ...

Mit schönen Worten allein gibt sich Gott nicht zufrieden. Er gibt mehr – und er will mehr.

Die vielen Wünsche an Weihnachten mögen nett und gut gemeint sein. Aber sie reichen nicht. Die Worte müssen Fleisch annehmen, wollen gelebt sein. Es geht eben nicht nur darum, anderen »Schöne Weihnachten!« zu wünschen, sondern selbst

»Weihnachten« zu sein, der Idee in mir Leben zu geben, sie mit meinem Leben zum Ausdruck zu bringen. Und genau das macht Gott, wenn er Mensch wird.

Und dazu sind auch wir eingeladen.

Wir sollen nicht nur »Schöne Weihnachten!« wünschen, sondern selbst Weihnachten sein und werden. Wir sollen uns vom Heiligen Geist ergreifen und erfüllen lassen. Wir sollen uns auf den Weg machen, und in uns soll das Leben zur Welt kommen, damit wir es zu den Menschen bringen. In uns bekommt der Himmel Hand und Fuß – und ein Gesicht. So wie Maria es uns vorgemacht hat.

Denn wenn wir dieser Idee keinen Ausdruck geben, wenn wir sie nicht leben, wenn sie nicht in uns verbindlich wird, dann verfliegt und verflüchtigt sie sich – und ist spätestens an Neujahr wieder vorbei. Dann bleibt es bei den schönen und netten Worten, die aber nicht groß was verändern.

Ich bin Weihnachten.
Du bist Weihnachten.
Wir sind Weihnachten.

Na dann – fröhliche Weihnachten …

26. DEZEMBER

Die Kunst, sich beschenken zu lassen

Für eine Bekannte hatte ich ein kleines Geschenk besorgt, eine besondere, regionale Schokoladenkreation, und ihr mit einem persönlichen Weihnachtsgruß zukommen lassen, einfach um ihr eine Freude zu machen. Nichts Großes, eigentlich haben wir keine »Geschenke-Beziehung«, sondern es war eher als eine Aufmerksamkeit gedacht im Sinne von: »Ich denk an dich!« Ich wusste, dass sie viel um die Ohren hatte – und erwartete deshalb auch keine große Reaktion. War ja auch gut so. Sie würde das Zeichen schon entsprechend verstehen.

Nicht gerechnet hatte ich allerdings damit, dass mir mein Geschenk postwendend per E-Mail quasi um die Ohren gehauen wurde. Ein kurzes, formales

»Danke« – und dann der vorwurfsvolle Hinweis, dass sie keine Schokolade mag, ob ich das nicht wüsste? Nein, wusste ich nicht – woher sollte ich auch? So eng ist unsere Bekanntschaft nun auch wieder nicht. Und das nächste Mal möge ich ihr doch bitte etwas ohne Schokolade schenken …

Zugegeben – ich war in diesem Moment doch etwas sprachlos. Ich schenkte etwas, ohne überhaupt dazu verpflichtet zu sein, ich wollte eine Freude machen – und bekam Vorhaltungen und Vorschriften, wie und was ich, bitte schön, zu schenken habe. Von ihr aber hatte ich nicht einmal einen Weihnachtsgruß bekommen …

26. DEZEMBER

Weihnachten ist eben nicht nur die schöne Idylle, der holde Knabe im lockigen Haar, die Engel, die frohlocken und jubilieren. Weihnachten hat auch seinen Preis. Die Zeichen der Liebe werden nicht immer verstanden, und eine gute Absicht kann missverstanden werden. Das ist die Wirklichkeit – und Weihnachten will eben kein »Winter-Wunderland« vorgaukeln, sondern unterzieht die Botschaft des Kindes in der Krippe sofort dem Härtetest.

Doch, ich werde auch nächstes Jahr wieder Geschenke machen – und die meisten Beschenkten haben sich wohl wirklich gefreut. Und es kann mal passieren, dass ein Geschenk nicht so unbedingt passend ist – aber das liegt ja nicht daran, dass man dem anderen partout etwas Unpassendes schenken wollte.

Es gibt neben der Kunst des Schenkens auch eine Kunst des »Sich-beschenken-lassen-Könnens« – und das heißt, aus einem Geschenk die Absicht und den guten Willen des anderen zu erspüren. Und das wertzuschätzen, selbst wenn man eben keine Schokolade mag.

Übrigens – ich glaube, das gilt auch für das Geschenk, das uns vom Kind in der Krippe gemacht wird. Lassen wir uns beschenken – oder schreiben wir Gott vor, wie und was er uns, bitte schön, zu schenken hat?

26. DEZEMBER

27. DEZEMBER

Zwischen den Jahren

Ich mag die Zeit »zwischen den Jahren«, wie man sie umgangssprachlich nennt, die Tage von Weihnachten bis Silvester. Alles geht ein wenig ruhiger und gemächlicher zu – wenn man nicht gerade auf die Idee kommt, Weihnachtsgeschenke umzutauschen oder Gutscheine einzulösen und sich deshalb in irgendwelche Innenstädte hineintraut. Man muss nicht groß kochen, denn nach den Feiertagen sind eh alle noch satt – und falls doch jemand Hunger bekommt, dann finden sich im Kühlschrank genug Reste, die man schnell aufwärmen kann. Viele haben frei in diesen Tagen und müssen nicht zur Arbeit, und weil viele Urlaub haben, halten sich damit auch offizielle Briefe, Mails und Telefonate sehr in Grenzen. Gäste und Besucher sind erst zu Silvester wieder zu erwarten – und für die Einkäufe kann man sich entsprechend Zeit lassen.

Man macht es sich auf dem Sofa gemütlich und liest den neuen Krimi an, den man zu Weihnachten geschenkt bekommen hat, blättert noch einmal in dem Fotobuch, probiert die neue Kamera aus, testet das Gesellschaftsspiel, das man noch nicht kennt, baut mit den Kindern die Modelleisenbahn auf. Große Pläne hat man in der Regel in diesen Tagen nicht, keine »Zu-erledigen-Listen«, sondern entscheidet eher spontan und situativ, geht spazieren oder räumt ein wenig halbherzig Liegengebliebenes auf. Und in diesen Tagen hält man schon ein wenig Rückblick auf das vergangene Jahr – und schaut voraus auf das, was vielleicht kommen wird. Es ist irgendwie eine Zeit »außerhalb der Zeit« – und damit auch von einer ganz eigenen Kostbarkeit.

27. DEZEMBER

Es ist lange her, dass die Tage des Advents Tage der Stille waren, in denen man einen inneren Weg Schritt um Schritt bedächtig ging durch die kürzer werdenden Tage und die langen Nächte auf die eine Stelle, die Krippe zu, in der man mitten in der Dunkelheit ein Mysterium empfing.

Es ist, als wäre das Heilige, das Geheimnis, verloren, überflutet von Lichtern und überlärmt von Worten, überrannt von rastloser Leere, vom Gerede über das Fest. …

Vielleicht sind die Wochen des Advents in der Tat verloren, jedenfalls für diese Generation oder für eine Reihe von Jahren. Für uns bleibt wohl nur, die Stille dort zu suchen, wo sie unzerstört ist: in den Tagen danach. … Vielleicht finden wir in ihnen noch die Stunde, in der wir allein sind mit einem Wort oder einem Bild, in der wir ein wenig vom Sinn unseres Daseins und dem Geheimnis Gottes berühren.

Jörg Zink (1922–2016)

28. DEZEMBER

Eine etwas andere Weihnachts- geschichte

Zugegeben – ich weiß nicht, ob sich die folgende Geschichte wirklich so ereignet hat. Erzählt wurde sie mir von einer älteren Ordensschwester im Münsterland – aber sie hat die Geschichte auch nur gehört.

Große Aufregung in einer Pfarrgemeinde am Nachmittag des ersten Weihnachtsfeiertags: Das Jesuskind war aus der Krippe verschwunden! Eine Frau, die mit ihren beiden Kindern die Krippe anschauen wollte, hatte es zuerst bemerkt und stand nun etwas ratlos vor dem Stall. Andere Besucher kamen dazu, und man überlegte, was zu tun ist. Den Küster informieren? Den Pfarrer anrufen? Vielleicht würden die wissen, was mit dem Jesuskind geschehen ist? Sie waren noch am Beraten, da öffnete sich die Kirchentür, ein kleiner Junge kam mit seinem Roller herein und fuhr stracks bis zur Krippe. Die Erwachsenen wollten schon schimpfen – schließlich ist eine Kirche kein Spielplatz! –, da fiel der Blick von einem auf ein Körbchen, das vorne am Roller angebunden war, und darin lag das Jesuskind!

»Was hast du denn mit dem Jesuskind gemacht?«, fragte der Mann den kleinen Jungen etwas vorwurfsvoll. Der Junge zuckte leicht zusammen, dann stieß er hervor: »Ich hab's doch versprochen!« – »Wie, was hast du versprochen?« – »Na ja, ich hab mir doch vom Jesuskind zu Weihnachten einen Roller gewünscht ...« – »Ja, und?« – »... und da hab ich ihm versprochen, wenn ich den bekomme, dann nehm ich ihn zur ersten Fahrt mit ...«

Die Gesichter der Erwachsenen, eben noch ratlos und unmutig, hellten sich auf – und ein Schmunzeln machte sich breit. Der Junge hatte seinen Roller zu Weihnachten bekommen, und er hatte sich an sein Versprechen gehalten und das Jesuskind zur ersten Ausfahrt mitgenommen.

»Okay«, sagte der Mann, ein wenig unsicher, ob er den Jungen jetzt loben sollte, weil er sein Versprechen gehalten hatte, oder eher schimpfen sollte, denn man kann doch schließlich nicht einfach das Jesuskind aus der Krippe mitnehmen. So rettete er sich ins Praktische: »Ich denke, wir sollten das Jesuskind jetzt wieder dort hineinlegen ...«, und miteinander, der große Mann und der kleine Junge, nahmen sie behutsam das Kind und betteten es

28. DEZEMBER

wieder in die Krippe. Und alle standen herum und schauten andächtig dabei zu und hatten irgendwie ein Weihnachtslächeln im Gesicht.

Ich könnte mir vorstellen, dass es dem Jesuskind gefallen hat, dass der Junge sein Versprechen gehalten hat – und möglicherweise auch die Fahrt mit dem Roller. Ist doch mal was anderes, als immer nur in der Krippe zu liegen und angeguckt zu werden! – Und ist es jetzt eigentlich noch wichtig, ob sich die Geschichte wirklich so ereignet hat?

28. DEZEMBER

Ich hatte diesen Text im Bistumsblog von Osnabrück ins Internet eingestellt – und bekam schon am nächsten Tag eine Rückmeldung von einer Leserin, dass sich diese Geschichte tatsächlich in den 1950er-Jahren in Vreden im Münsterland ereignet hat. Und sie verwies mich auf einen Zeitungsartikel im Vredener Anzeiger vom 27. Dezember 2017, in dem nochmal an diese Geschichte erinnert wurde. Danach war es bei der Originalgeschichte wohl ein Mädchen, das diese Tour mit dem Jesuskind unternommen hat – und sie hatte es auf dem Gepäckträger eingeklemmt. Okay, ich hätte dem Jesuskind eher das Körbchen als den Gepäckträger gegönnt – aber nun gut. Eine andere Leserin verwies auf die Schriftstellerin Catharina Bachem-Tonger, die ebenfalls eine solche Begebenheit schildert und die damals wohl oft in Lesebüchern für Kinder abgedruckt wurde.

Ob das Kind die Geschichte irgendwo gelesen hat und sich aufgrund dessen zu dieser Aktion anstiften ließ – oder ob die Schriftstellerin davon gehört und eine Geschichte daraus gemacht hat: Das weiß ich nicht.

Aber vielleicht könnte es einfach wichtig sein, dass wir das Jesuskind nicht in der Krippe liegenlassen, sondern in die Welt hinaustragen.

28. DEZEMBER

29. DEZEMBER

Weihnachten fährt vorbei

Ein früher Abend, Ende Dezember – ich sitze an meinem Schreibtisch. Draußen ist es dunkel geworden, alles ist ruhig, nur ab und an fährt ein Auto vorbei oder draußen auf der Ems tuckert ein Schiff. Ich mag die Schiffe auf der Ems. Wenn ich das Geräusch der Schiffsmotoren höre, geht mein Blick zum Fenster, ich schaue dem Schiff nach und überlege, wie es wohl sein mag, in einem Zuhause zu leben, das von Hafen zu Hafen fährt – immer unterwegs, immer nur für einen Tag, eine Nacht irgendwo angekommen.

Gerade eben fuhr wieder ein Schiff vorbei. Ich schaute auf, sah die Positionslampen, das abgeblendete Licht im Ruderhaus, ein warmes Licht in den Wohnräumen – und dann am Heck einen Weihnachtsbaum mit hellen, elektrischen Kerzen … und dann war das Schiff vorbei, weiter auf seinem Weg zur Nordsee. Weihnachten ist vorbeigefahren, fiel mir spontan dazu ein … und irgendwie fand ich es schön, fühlte mich getröstet, aufgehoben, erinnert.

So ist das auch im Leben. Weihnachten kommt, wird gefeiert – und dann ist es vorbei, und der Alltag kehrt wieder ein. Und das ist durchaus in Ordnung so. Es muss nicht bleiben, es darf durchaus weiterziehen. Aber es sollte trösten, erinnern, bergen – damit ich neu den Weg in den Alltag suchen und finden kann. Und wenn Weihnachten das nicht einlöst, dann kann es sein, dass Weihnachten gar nicht richtig war ...

Aber es gibt noch eine andere Möglichkeit, und die habe ich an dem Abend von den Schiffern gelernt: Man kann Weihnachten auch in den Alltag mitnehmen, auf dem Weg von Hafen zu Hafen, immer unterwegs. Immer nur für einen Tag, eine Nacht irgendwo ankommen. Auf dem Weg meiner Sehnsucht – aber mit Weihnachten im Herzen.

29. DEZEMBER

30. DEZEMBER

Wo bin ich eigentlich grad?

Veranstaltungstournee durch die Diözese Regensburg ... an einem Samstag war ich auf dem Weg von Cham nach Dingolfing. Ich hatte die Adresse des Kulturzentrums ins Navi eingegeben und fuhr gemütlich, den Anweisungen meines »Co-Piloten« folgend, der nächsten Veranstaltung entgegen.

Auf einer zweispurigen Strecke überholte mich ein Auto, setzte sich vor mich, machte die Warnblinkanlage an – und als eine Parkbucht kam, winkte der Fahrer mich mit dem Arm heraus. Keine Ahnung, was er wollte ... aber er sah nicht danach aus, als ob er mich überfallen wollte, und so folgte ich ihm in die Parkbucht. Ein junger Mann stieg aus, kam auf mich zu und sagte: »An Ihrem Auto hängt ein großes Stück Plastik herunter ... das könnte gefährlich werden!«

Recht hatte er – das sah ich sofort, als ich unter das Auto schaute. Ich konnte mich nur kurz bedanken, da war er schon weitergefahren. Ich machte die Warnblinkanlage an, zog die Sicherheitsweste über und rief den Automobilclub an. Der Mitarbeiter dort war sehr freundlich – aber dann wurde es schwierig. »Wo sind Sie?«, fragte er. Tja, wo bin ich? Mein Navi sagte mir etwas von B 20 – und dass ich in 3,5 Kilometer rechts abbiegen muss. An Straubing war ich schon vorbei ... und über irgendeine Autobahnbrücke war ich gefahren. Welcher Ort in der Nähe sei? Ich musste passen ... ich konnte nicht sagen, wo genau ich war.

30. DEZEMBER

Dann studierte ich die Karte, die im Auto lag ... hm, könnte sein, dass ich da und da war. Und diese Antwort gab ich dann auch dem »Gelben Engel«, der mich eine Viertelstunde später anrief.

Aber da war ich nicht. Denn der Pannenhelfer suchte mich vergebens und meldete sich noch einmal. Gemeinsam überlegten wir, wo ich sein könnte – und zwanzig Minuten später fuhr er mit seinem gelbem Blinklicht in die Parkbucht ein.

Aber bis dahin hatte ich anderthalb Stunden Zeit gehabt, darüber nachzudenken, ob ich möglicherweise auch manchmal in meinem Leben gar nicht so genau sagen kann, wo ich eigentlich bin – weil ich mich einfach auf irgendwelche Empfehlungen und Anweisungen verlassen habe und dabei den Überblick verloren habe.

Vielleicht wäre das ein guter Start in das neue Jahr – zu überlegen: »Wo bin ich eigentlich?«

Denn nur dann kann ich auch gefunden werden.

Ach so – der nette Pannenhelfer machte nach einigem Suchen sogar am Samstagmittag noch eine Werkstatt ausfindig, in der der Chef persönlich das Teil wieder anschraubte ... und ich war rechtzeitig zur Veranstaltung in Dingolfing.

31. DEZEMBER

Wunder-kerzen

Es ist ein Abend mit einer ganz eigenen Stimmung für mich – Silvester.

Etwas geht zu Ende, etwas fängt neu an. Übergang ist angesagt. Und Übergänge brauchen Rituale. Die können dabei helfen, von dem einen zum anderen zu kommen.

»Dinner for one« ist so ein Ritual, der Gottesdienst am Abend und das Lied »Von guten Mächten wunderbar geborgen«, ein schönes Abendessen. Und dann kurz vor zwölf Uhr an der Ems stehen, auf das Geläut der Glocken warten, eine kleine Flasche Sekt in der Jackentasche, zwei Gläser – und Wunderkerzen …

Die Wunderkerzen sind neu in dem Ritual. Das ist unser kleines privates Feuerwerk. Das ist der Ausdruck unseres Vertrauens, dass es auch im neuen Jahr funkeln wird – mit Gott.

Um Mitternacht Wunderkerzen an der Ems anzuzünden kann bei dem Wind schon eine Herausforderung sein. Und das gilt auch für das Leben, gelegentlich ist das mit dem »Funkeln« gar nicht so einfach. Manchmal bläst der Wind rau.

Auch das neue Jahr wird seine Wunderkerzen haben – und es wird den einen oder anderen Sturm geben. An Silvester üben wir das schon mal – und zumindest an der Ems haben wir bisher noch jede Wunderkerze entzündet bekommen.

In diesem Sinn – *l'chaim!* Auf das Leben! Herzlich willkommen, neues Jahr!

Ich bin neugierig ...

Das Glockengeläut ist verstummt, nur noch vereinzelt wird hier und da eine Rakete geschossen, das Glas Sekt ist ausgetrunken, die Wunderkerzen sind abgebrannt. Die Ems fließt dunkel und schwarz vor sich hin.

Und so gehen wir langsam zum Haus zurück, gemeinsam – und doch in Gedanken versunken. Was wird das neue Jahr bringen? Wir sind ein wenig nachdenklich, dankbar, neugierig – wie man es halt eben so ist am Beginn eines neuen Jahres.

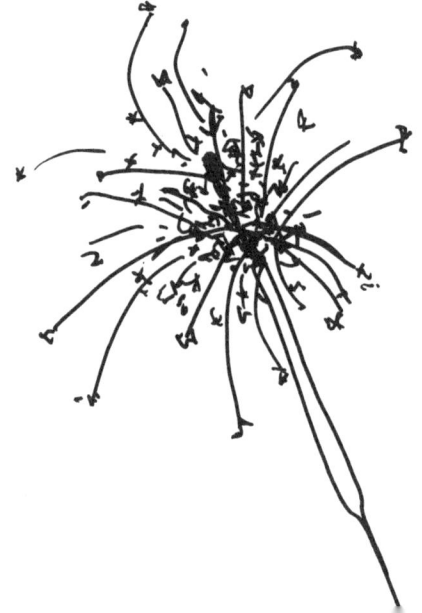

31. DEZEMBER

Plötzlich zupft mich Ulrike am Ärmel – »Guck mal, der Stern!« – und tatsächlich: Nach fast zwei Tagen Dauerregen ist gerade jetzt die Wolkendecke aufgerissen, und genau in dieser Lücke leuchtet ein Stern! Und der macht in diesem Moment tatsächlich mehr her als das ganze Feuerwerk der letzten Viertelstunde! Und dann schiebt sich noch der Vollmond hinter den Wolken hervor …

Über uns fliegen Wildgänse. Im Dunkel können wir sie nur hören … sie sind aufgeregt, durcheinander, verwirrt von all dem Lärm, den Lichtern. Sie tun mir leid – und ich kann nur hoffen, dass sie irgendwann in dieser Nacht noch zur Ruhe kommen werden …

Ja, es ist eine besondere Nacht, eine andere Nacht. Abschied und Anfang, Rückblick und Ausblick – und wir für einen Moment einfach zwischendrin. Mit allem Dunkel, allem Licht, allen Ängsten, allen Hoffnungen ….

Aber die Zusage gilt:

Von guten Mächten wunderbar geborgen,
erwarten wir getrost, was kommen mag,
Gott ist bei uns am Abend und am Morgen,
und ganz gewiss an jedem neuen Tag.

Dietrich Bonhoeffer

31. Dezember

1. JANUAR

Mit Gott

In alten Kassenbüchern, gut verwahrt in entsprechenden Archiven, kann man es manchmal noch lesen: Fein säuberlich steht da auf der ersten Seite geschrieben »Mit Gott«. Und erst danach kommen die Zahlen über Einnahmen und Ausgaben, Kredite und Schulden und das ganz profane Geschäft.

»Mit Gott« – wäre das nicht eine gute Überschrift für die erste Seite des noch unbeschriebenen neuen Jahres? All das, was das neue Jahr uns bringen mag, unter dieses Vorzeichen stellen – all das Schöne und Traurige, das Frohe und Belastende, die Katastrophen und die kleinen Wunder. All das, was uns Menschen angeht, berührt, betrifft, bewegt – mit Gott. Und eben nicht nur während einer Stunde am Sonntag in der Kirche … sondern jeden Tag neu.

Gott will das Leben mit uns leben. Deshalb ist er Mensch geworden – damit er in unser Leben »hineinpasst«, genau zwischen all die Mails und das Mittagessen-Kochen, zwischen Einkaufen und Betten-Machen und Die-Mülltonne-vor-die-Tür-Stellen.

Aber wir müssen ihn auch in unser Leben hineinnehmen. Er ist da, aber drängt sich nicht auf. Er lässt uns die Freiheit, Nein zu sagen.

Teresa von Ávila, die große spanische Heilige (1515–1582), soll einmal gesagt haben: »Gott und ich sind immer in der Mehrheit!«

Warum also das neue Jahr nicht »mit Gott«?

Mit Gott – für das Leben.

1. JANUAR

2. JANUAR

Heilige Tage

Fast ist es wie ein Ritual für mich: Am Anfang eines neuen Jahres blättere ich durch den Kalender und die kommenden Monate. Was erwartet mich? Welche Termine stehen schon drin? Was wird vielleicht noch kommen? Da ist der Kurs im Kloster, die Geburtstagsfeier eines guten Freundes, vielleicht die Fahrt nach Israel …

In meinem Kalender stehen viele Termine drin, solche, auf die ich mich freue, andere, die ich eher lästig finde. Viele Termine haben etwas mit Arbeit zu tun, einige sind privat: Ferien, Urlaub zum Beispiel … *holidays,* wie man so schön neudeutsch sagt …

Irgendwann stolperte ich über dieses Wort »holidays« – eigentlich klingt es fast wie »holy days«, heilige Tage. Ein Blick ins englische Herkunftswörterbuch half mir weiter. Das Wort kommt aus dem alten Englisch und meinte ursprünglich religiöse Festtage, an denen man dann natürlich auch frei hatte. Und im Laufe der Zeit wurden aus den »holy days«, den »heiligen Tagen«, ganz einfach die Tage, an denen man »frei« hatte, »holidays« eben.

Aber »freie Tage« sind heute nicht mehr unbedingt »heilige Tage«, und an »heiligen Tagen« hat man nicht immer frei. Die Grenzen verschwimmen – es wird erwartet, dass man auch im Urlaub verfügbar ist und seine Mails liest, viele müssen am Wochenende arbeiten, und das frische Brötchen, das ich am Sonntagmorgen esse, wurde auch von jemandem gebacken und verkauft.

Umso notwendiger brauche ich auch für mich »holy days« und eben nicht nur »holidays«. Diese »heiligen Tage« müssen nicht unbedingt deckungsgleich mit den offiziellen »Feiertagen« sein – aber sie müssen irgendwo in meinem Terminkalender drinstehen: Tage ohne Telefon, Tage ohne Mails, Tage ohne Computer, Tage, an denen ich mich einfach zurückziehen darf. Tage, an denen ich vor Gott einfach »ich« sein darf, ich, Andrea. Tage, an denen ich nicht die pastorale Mitarbeiterin, nicht die Schriftstellerin, nicht die Leiterin und Trainerin bin.

Es lohnt sich, zu Jahresbeginn den Kalender einmal daraufhin abzuklopfen, ob er neben den Ferien, den »holidays«, auch ausreichend »holy days«, heilige Tage, für mich und Gott, bereithält.

Arbeitstermine stehen eh schon genug drin …

2. JANUAR

3. JANUAR

Langsamer gehen

»Es gibt zwei Wege, das Leben zu verlängern«, so schrieb vor über zweihundert Jahren der Physikprofessor und Schriftsteller Georg Christoph Lichtenberg (1742–1799), »erstens, dass man die beiden Punkte *geboren* und *gestorben* weiter voneinander bringt und also den Weg länger macht …; in diesem Fach haben einige unter den Ärzten sehr viel geleistet. Die andere Art ist, dass man langsamer geht und die beiden Punkte stehen lässt, wo Gott will.«

Länger leben, indem man langsamer geht. Wer langsamer geht, ist achtsamer, bewusster, schaut hin, hört zu. An dem rauscht das Leben nicht einfach vorbei im Sinne von möglichst viel, möglichst schnell, am besten alles und sofort. Wer langsamer geht, sieht den Schmetterling, wer innehält, hört die Lerche. Der hat Zeit für ein gutes Wort, für eine kleine Pause, für eine Begegnung – kurz: Der hat mehr Leben im Leben. Denn Leben ist keine Frage der Jahre und der Zeit, sondern der Intensität. Und da gehört durchaus das Genießen mit dazu ….

Bei einem Seminar hatte ich die Teilnehmer gebeten, sich vorzustellen und zu sagen, was sie zu ihrer Anmeldung bewogen hat. Eine Frau, etwa um die fünfzig Jahre alt, sagte: »Das Seminar? Meine Tochter hat mich geschickt!« Wir schauten wohl alle etwas verständnislos, deshalb erklärte sie: »Ja, sie hat zu mir gesagt, ›Mutti, du bist im Moment so unausstehlich, es wird höchste Zeit, dass du mal wieder etwas für dich machst, damit wir nicht unter dir leiden müssen!‹«

Wir schmunzelten, und mir fiel spontan das Lied von Konstantin Wecker ein: »Wer nicht genießt, wird ungenießbar!« Es stimmt schon: Menschen, die in der Lage sind, etwas zu genießen, sind in der Regel umgänglicher, ausgeglichener, freigiebiger, gerne bereit, auch anderen etwas zu gönnen. Das Gegenteil davon ist der Griesgram, der mit verkniffenem Gesicht in der Welt herumläuft und anzügliche Bemerkungen macht, dass andere schon wieder in Urlaub fahren, ins Kino gehen oder sich einen Cappuccino im Eiscafé gönnen. Verständlich – wenn man selbst »hungrig« nach etwas ist, sich etwas »verkneift«, dann ist es natürlich schwer dabei zuzusehen, wenn andere gerade das tun.

Aber eigentlich gibt es gar keinen Grund, sich das »genießen« zu verbieten. Denn genießen bedeutet einfach die Kunst, lustvoll im Augenblick zu leben – der erste Schluck Kaffee am Morgen, ein paar Minuten an der Ems zu stehen und den Enten zuzuschauen, sich für einige Momente einer

3. JANUAR

Melodie zu geben, das Fell des Hundes zu streicheln, den typischen Geruch am Hafen wahrzunehmen. Genießen können – das hat erst mal nichts mit Geld zu tun. Und mancher, der viel Geld hat, kann trotzdem nicht genießen. Es sind vielmehr die kleinen Momente im Leben, die man bewusst wahrnimmt und »verschmeckt«, wie man im Süddeutschen sagen würde.

»Wer mit sich selbst schlecht umgeht, zu wem wird er gut sein? Er wird sich nie an seinem Wohlstand erfreuen. Einen schönen Tag lass nicht vorbeigehen und den Anteil an dem, was du Gutes begehrst, lass nicht vorübergehen!« – das ist eine gute Lebensweisheit! Wo das steht? In der Bibel ... im Buch Jesus Sirach, 14. Kapitel, Verse 5 und 14.

Und vielleicht könnte das auch eine Idee für das neue Jahr sein?

3. JANUAR

4. JANUAR

Das Leben ist kein Ponyhof

Seit vier Stunden stehe ich jetzt schon auf der Autobahn … Vollsperrung, nichts geht mehr. Das Konzert, auf das ich mich so gefreut hatte, kann ich mir abschminken. Selbst wenn jetzt der Verkehr wieder rollen würde, wäre ich frühestens um 21.30 Uhr da – und käme wahrscheinlich noch nicht einmal mehr in die Halle hinein.

Manchmal verpasst man etwas – ein Konzert, den Bus, den Anschlusszug. Mal bin ich selbst daran schuld, meistens aber sind es Umstände, die ich gar nicht beeinflussen kann, ein Stau, eine defekte Weiche bei der Bahn, ein Unwetter. Da gehen Sachen schief, etwas klappt nicht so wie vorgesehen.

Ja, das ist so. Manches verpassen wir, und alle Versuche, daran etwas zu ändern, sind zum Scheitern verurteilt. Immer wieder werden Pläne durchkreuzt, werden Träume nicht wahr, erfüllen sich Hoffnungen nicht.

Dann könnte man sich eigentlich auch gleich darauf einstellen statt sich darüber zu ärgern.

Denn was wir nicht verpassen dürfen, das ist

das Leben selbst. Davon kann ich keine Stunde kaufen. Und zum Leben gehört dazu, dass manches nicht klappt, das ein oder andere scheitert. Wer das Leben nur danach beurteilt, ob seine Vorstellungen erfüllt werden, wird wohl kaum glücklich werden.

Lebendig zu sein, das heißt, Leben nicht auf irgendwann und irgendwo zu verschieben, sondern hier und jetzt zu leben, sich nicht nur die Rosinen herauszupicken, sondern sich auch den Widrigkeiten zu stellen.

Also gut.

Manches kann ich nicht ändern. Aber ich gebe deshalb diese Stunden Leben nicht einfach her.

Ich lebe. Hier. Jetzt. Auch im Stau.

Na ja ... man kann es ja im neuen Jahr wenigstens mal probieren.

4. JANUAR

5. JANUAR

Und ich traue meiner Sehnsucht

die langen Nächte des Winters
das Haus war Schutz
die kleine Kerze Trost
es war gut hier zu sein

aber mit jedem Tag
wächst auch die Sehnsucht
nach dem Anderen
um mich neu zu spüren

ich lösche die kleine Kerze
öffne vorsichtig die Tür
wage einen ersten Schritt
– und atme auf

da ist Himmel
da sind Farben
da ist Weite
und das Leben lockt

ein letzter Blick zurück
danke für das was war
ein Blick voraus
wer weiß was sein wird

der Wind frischt auf
ich atme durch
nehme meinen Rucksack
und gehe los

dem Leben entgegen

6. JANUAR

Die Heiligen Drei Könige im Urlaub

Es geschah vor einigen Jahren in der Gemeinde St. Michael in Viernheim: Der Küster – also derjenige, der in der Kirche alles für die Gottesdienste vorbereitet – musste noch seinen Resturlaub nehmen, und so war er nach Silvester mit unbekanntem Ziel verreist. Er hatte alles hervorragend geregelt, für jeden Gottesdienst gab es eine Aushilfe und entsprechende Regieanweisungen und einen Plan.

Aber in all dem Durcheinander der Weihnachtstage und der Vorbereitung seines Urlaubs hatte er wohl das Fest »Dreikönig« nicht so richtig im Blick gehabt. Und so kam der 6. Januar – aber an der Krippe gab es keine Heiligen Drei Könige, die an diesem Tag traditionell dazugestellt werden. Keiner der Aushilfsküster hatte auch nur die geringste Idee, in welchem der vielen Verstecke, die ein Kirchengebäude so bietet, die entsprechenden

Krippenfiguren sein könnten – kurz, sie waren nicht aufzufinden.

Natürlich merkten die Menschen in der Gemeinde ziemlich schnell, dass die Heiligen Drei Könige und ihr Kamel an der Krippe fehlten. Und so fing das Gerede an – was ist mit ihnen? Warum sind sie nicht da? Und es breitete sich, zugegeben, eine gewisse Unruhe aus.

Der junge Kaplan in der Gemeinde bekam das mit und entschied sich kurzerhand, es im Gottesdienst einfach anzusprechen: »Ja, einige von Ihnen haben es

6. JANUAR

schon gemerkt: Die Heiligen Drei Könige sind nicht an der Krippe! Es kann sein, dass sie da waren, aber schon wieder auf einem anderen Weg den Heimweg angetreten haben. Ich halte es aber auch nicht für ausgeschlossen, dass sie mit unserem Küster in Urlaub gefahren sind.« Schmunzeln in der Gemeinde – und damit war die Frage erst mal erledigt.

Die Heiligen Drei Könige machen Urlaub? Klar, wer nicht da ist, der macht Urlaub. Das ist halt so. Und ich muss grad ein wenig lächeln, wenn ich das so schreibe. Denn wenn ich sage, dass ich einen Kurs im Schwarzwald leite, dann kommt beim anderen »Schwarzwald« und damit »Urlaub« an – und das Wort »Kurs« geht irgendwie verloren. Ich fahre irgendwohin, um zu arbeiten – und andere denken: Hat die es gut, die macht frei!

Okay. Ich bin da, glaube ich, in bester Gesellschaft. Für diejenigen, die dort wohnten, von wo aus die Heiligen Drei Könige aufgebrochen sind, war die Erklärung sicher auch relativ einfach: Die gehen in Urlaub!

Wer sich auf den Weg macht und Gott sucht, der macht alles andere als Urlaub.

Ja, aber erklär das mal denen, die zu Hause bleiben …

6. JANUAR

ZUM AUSKLANG UND FÜRS LEBEN

Schicht- wechsel

In den letzten Wochen hat in unserem Garten eine Christrose ganz tapfer die Stellung gehalten und vor sich hin geblüht. Und so viele Blüten wie dieses Jahr hatte sie noch nie!

Jetzt werden die ersten Blüten leicht braun … aber dafür stehen die Schneeglöckchen in den Startlöchern. Sie sind zwar noch nicht aufgeblüht, aber man sieht schon das Weiße schimmern. Es dauert nicht mehr lang.

Schichtwechsel ist angesagt. Die einen gehen, die anderen kommen. Und das wird das ganze Jahr so weitergehen. In den nächsten Wochen wird der Garten den Krokussen gehören, dann übernehmen die ersten Tulpen. Und dann kommen die Forsythie und der kleine Mandelbaum. Und wenn erst die Schmetterlingsflieder wieder austreiben und die Büsche und Bäume ihre Blätter haben, wird man von all den Frühlingsblühern nichts mehr ahnen.

Alles hat seine Zeit – nicht nur im Garten, sondern auch in meinem Leben. Mal blüht das eine, mal das andere. Das eine vergeht, um anderem Raum zu geben. Da reift etwas heran, dort stirbt etwas ab oder verblüht einfach.

Und all das darf auch so sein.

Zu erwarten, dass alles gleichzeitig blüht, ist unrealistisch – und wäre wohl auch ziemlich langweilig. Der Wechsel macht es.

Aber: Irgendetwas blüht immer – auch in meinem Leben. Mal das eine, dann wieder das andere. Mal blüht mehr, mal weniger … aber irgendwas blüht immer.

Und notfalls die Primel im Wohnzimmer …

Also gut – dann gehen wir den Alltag mal wieder an …

ZUM AUSKLANG

Einladung

Grad ist ein Wolkenbruch über Juist heruntergegangen. Auf den Straßen stehen große Pfützen … aber schon wagen sich die Menschen wieder aus den Häusern hervor, wo sie Zuflucht vor dem Regen gesucht haben. Zwei Kinder mit Gummistiefeln und Regenjacken, vielleicht drei und fünf Jahre alt, haben ihren Spaß – sie springen mit beiden Füßen in die Pfützen, dass das Wasser nur so umherspritzt, und lachen und freuen sich.

Ich schaue ihnen zu – und werde ein bisschen wehmütig. Ja, so war ich auch einmal … aber wann habe ich das eigentlich verlernt? Ich hab es wohl in dem Moment aufgegeben, als mir bewusst wurde, dass dabei die Schuhe nass und die Hosen dreckig werden können … oder es mir entsprechend klargemacht wurde.

Und so gehe ich inzwischen ganz ordentlich um Pfützen herum. Dann bleiben die Schuhe trocken und die Hose sauber – aber ich hab auch keinen Spaß mehr.

Und jetzt werde ich nachdenklich.

Sollten tatsächlich trockene Schuhe und saubere Hosen wichtiger sein als die Freude am Leben?

Könnte es sein, dass Kinder etwas wissen und können, was wir Großen »verlernt« haben? Könn-

te es sein, dass wir uns manchmal nicht mehr am Leben freuen, weil das Kind in uns nicht mehr leben darf? Könnte es sein, das gerade dadurch Leben manchmal schwer und kompliziert werden kann? Und zur Last?

Bei Gott, unserem Vater, dürfen wir getrost Kinder sein. Und Freude am Leben haben. Und mit beiden Füßen in die Pfützen springen.

Nasse Schuhe trocknen wieder – und für dreckige Hosen gibt es eine Waschmaschine.

Die Freude am Leben ist das wert.

Kinder wissen das.

EINLADUNG

ANMERKUNGEN

4. DEZEMBER: Die Textzeile von *Wilhelm Bruners* ist seinem Gedicht »Vertrauen« entnommen, veröffentlicht in Wilhelm Bruners, Senfkorn Mensch, Patmos Verlag 1986

25. DEZEMBER: Die Anregung für diesen Text verdanke ich einer Predigt von Pater *Christoph Beesten* CMM, Maria Veen, am ersten Weihnachtsfeiertag 2017.

27. DEZEMBER: Zitat aus: Jörg Zink, Zwölf Nächte, Verlag am Eschbach 1991

ZUR AUTORIN

Andrea Schwarz, geboren 1955, ausgebildete Industriekauffrau und Sozialpädagogin, ist seit vielen Jahren in der katholischen Gemeindearbeit tätig. Die Pastorale Mitarbeiterin der Diözese Osnabrück lebt im Emsland und ist als gefragte Referentin und Bibliolog-Trainerin im ganzen deutschen Sprachraum unterwegs. Andrea Schwarz gehört zu den meistgelesenen christlichen Schriftstellern unserer Zeit.

LEBENSIMPULSE VON ANDREA SCHWARZ

Gott lässt grüßen
52 Entdeckungen
96 Seiten | Hardcover
ISBN 978-3-8436-0709-4 (Print)
ISBN 978-3-8436-0710-0 (eBook)

Um Antwort wird gebeten
52 Einladungen
96 Seiten | Hardcover
ISBN 978-3-8436-0798-8

Um Antwort wird gebeten
52 Einladungen
Kartenbox mit 48 Karten
ISBN 978-3-8436-0888-6

Nur auf den ersten Blick erscheint das Alltägliche gewöhnlich, dann wird deutlich, dass sich hinter unscheinbaren Dingen Überraschendes verbirgt. Ob Alltagsdinge (wie in »Gott lässt grüßen«) oder Alltagstätigkeiten (wie in »Um Antwort wird gebeten«): In ihren beiden Jahreslesebüchern und der Kartenbox mit vierzig vierfarbigen Karten eröffnet Andrea Schwarz mit kurzen Impulstexten neue Sichtweisen für die großen und kleinen Momente des Lebens.

EIN MÄRCHEN FÜR DIE WIRKLICHKEIT

Andrea Schwarz
Am Tag der offenen Himmelstür
Nur ein Märchen?
Mit farbigen Illustrationen von Thomas Plaßmann
56 Seiten | Hardcover
ISBN 978-3-8436-1044-5

Petrus, dem die Schlüssel des Himmelstores anvertraut sind, kann sie nicht mehr finden. Ob ihn die Verwaltung des Himmels überanstrengt? Es bleibt ihm nichts anderes übrig, als andere nach dem Schlüssel und um guten Rat zu fragen ... und am Ende eine ungeahnte Überraschung zu erleben! Nur ein Märchen? Parallelen in der Wirklichkeit sind nicht rein zufällig, sondern erhofft ...

VERLAGSGRUPPE PATMOS

PATMOS
ESCHBACH
GRÜNEWALD
THORBECKE
SCHWABEN

Die Verlagsgruppe
mit Sinn für das Leben

Für die Verlagsgruppe Patmos ist Nachhaltigkeit ein wichtiger Maßstab ihres Handelns. Wir achten daher auf den Einsatz umweltschonender Ressourcen und Materialien.

Alle Rechte vorbehalten
© 2018 Patmos Verlag,
ein Unternehmen der Verlagsgruppe Patmos
in der Schwabenverlag AG, Ostfildern
www.patmos.de

Gesamtgestaltung: Finken und Bumiller, Stuttgart
Umschlagabbildung: © Dieter Hawlan / shutterstock
Druck: Finidr s.r.o. Český Těšín
Hergestellt in Tschechien
ISBN 978-3-8436-1073-5